U0517423

因为自信，
所以从容。

[釋]自信,《辭海》注:對自己的信心;《現代漢語詞典》注:相信自己。從容,《辭源》注:①安逸舒緩、不慌不忙,《莊子秋水》"鯈魚出游從容,是魚之樂也",又《書君陳》:"寬而有制從容以和";《現代漢語詞典》注鎮靜沉着。

中国油画市场　第12辑(总第33辑)

顾　　问　靳尚谊　詹建俊　朱乃正　宋惠民
　　　　　张祖英　尚　扬　戴士和

主　　编　苗凤池
副 主 编　薛国芳　孔令才　杜允上
学术主持　颐　斋
展览基地　肖长东　李　勇
设计总监　吴文忠
主编助理　李沅芷
事务主管　孟祥淑
采　　编　唐可　曲艺
编　　辑　《中国油画市场》编辑部
电　　话　010-52029019
电　　邮　chinaopm@sina.com

出 版 人　陈高潮
责任编辑　杨世君
责任印制　宋朝晖

出　版　发行北京工艺美术出版社
地　　址　北京市东城区和平里七区16号
邮　　编　100013
电　　话　010-84255105(总编室)
　　　　　010-64283671(发行部)
传　　真　010-64280045/84255105
网　　址　www.gmcbs.cn
经　　销　全国新华书店
印　　刷　北京利丰雅高长城印刷有限公司
开　　本　889mm×1194mm1/16
印　　张　22
版　　次　2013年4月第1版
印　　次　2013年4月第1次印刷
书　　号　ISBN978-7-5140-0327-7
定　　价　98.00元

建议上架：美术及投资专业类

图书在版编目（CIP）数据

中国油画市场. 第12辑（总第33辑）/苗凤池主编.
—北京：北京工艺美术出版社，2013.4
ISBN 978-7-5140-0327-7

Ⅰ.①中…　Ⅱ.①苗…　Ⅲ.①油画-行情-中国　Ⅳ.①
F724.787
中国版本图书馆CIP数据核字（2013）第067908号

忻东旺艺术作品展 IMAGES
EXHIBITION OF XIN DONGWANG'S ART WORKS
GENERATED FROM THE MIND
相由心生

开幕时间： 2013年4月20日　15：00　　　展期电话： 010-87739327
展览日期： 2013年4月20日-2013年5月5日　　展览地点： 中国油画院美术馆（高碑店文化艺术新街1704号）

主办单位： 中国油画院　中央新闻纪录电影制片厂　　承办单位： 中国油画院美术馆　　协办单位： 山东银座美术馆
学术支持： 中国美术家协会　清华大学美术学院　清华大学美术学院当代艺术研究所　中国美术家协会油画艺术委员会　中国油画学会

媒体支持： 雅昌艺术网　99艺术网　中央美院艺讯网　今日艺术　中国艺术新闻网　书画频道　新浪微博　搜狐文化　中国文化报　HI艺术
中国日报　北京日报　北京青年报　北京青年周刊　中国油画　艺术中国　当代艺术　艺术财经　中国油画市场　中国网络电视

目录

戴士和 两位教师（局部）布面油画 2011

杨飞云 畅然 113×146 布面油画 2006

王沂东 春袭羽萍沟 180×145 布面油画 2010

买买提·艾依提 农民夫妇 100×81 布面油画 1997

袁文彬 红帽子 80×100 布面油画 2013

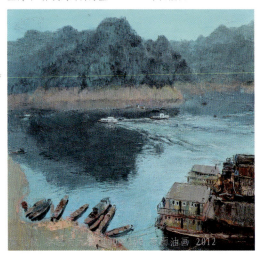

王海军 养我的那片厚土 97×146 布面油画 2010

中国名家
P72-157

072 买买提·艾依提

买买提先生是我国优秀的民族艺术家,多次连续入选全国美展以及国内外许多重要展事。他的作品的呼吸在浓烈的民族精神里,仿佛一首首西部风情的抒情诗,健康与热情构成了买买提先生作品的精神指向,而厚重与朴实则形成了他稳健的艺术特色。

098 袁文彬

文彬善于在平实的构图中运用其出色的塑型与敷彩,使画面富有强烈的时尚感与鲜活的生动性,弹性的用笔和灵动的色彩让他具象的画面上生成新颖的艺术效果——表现中有古典的幽静,古典中有意动的表现,因而他的作品受到许多藏家的喜爱,频频获奖,频频应邀参与国内外重要展事,声名日起,荣光积淀,相信文彬将成为更多人投资下注的选择对象,市场辉煌,指日可待。

128 赵梦歌

专业机构的展事、慈善单位的活动、中央电视台的名家专访、拍卖公司的拍卖都有梦歌的身影,近年梦歌可谓处处丰姿风头正劲。而她的线性美女也随着与大众频频的面对面而逐步走入人心,名主持张越说"你很有个人风格"。

[潜力]
最具升值潜力艺术家

158 王海军

海军的这种更多地建立在尊重现实的理性的具象风景创作在中国众多的风景画家中可谓风貌独具而熠熠悦目,取之于自然的真实,又能自我地去取舍概括,而后重建自己的表现元素,赋予了情感与精神,完善着他"真-善-美"的理念。

174 黄礼攸

礼攸风景之作在其非凡的取舍与巧妙的着色中精彩纷呈,可谓在中国风景画家中出类拔萃,不仅艺术上会大有作为,市场上也会有出色之表现,相信未来也是一位令各路藏买家纷纷竞夺的理想目标。

200 杜海军

> 你在窗口看风景,
> 看风景的人在看你;
> 明月装饰了你的窗子,
> 你装饰了别人的梦。

八十年前江苏诗人卞之琳以现代诗的形式美丽了几代年轻人甜蜜的心,八十年后江苏的年轻艺术家杜海军以油画的形式再把窗的美丽延续。

王玉琦 无题 50.8×40.6 布面油画 2002-2005

张文惠 不到长城非好汉之四 200×210 布面油画 2007

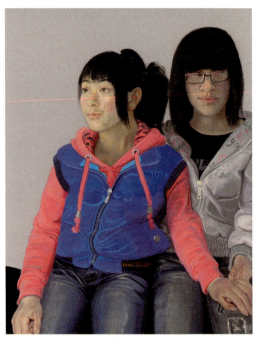

忻东旺 歌声（局部） 布面丙烯 2012

任传文 江南新绿 80×60 布面油画 2009

216 张文惠

随着中国油画的兴起，不仅涌现出一大批有实力的有识之士对油画的投资与收藏，也涌现出一大批有能力的有志之士对油画艺术的追求与探索，张文惠先生就是其中出类拔萃的一位，他的《不到长城非好汉》系列作品在圈内圈外有着不小的影响。

238 杨斌

杨斌用自己的方式将毕沙罗与马蒂斯的精髓进行新的诠释与表达，而且执著地向深的底里去挖掘，厚积薄发与大器晚成这两个成语用在杨斌身上再恰当不过——他现在的画面已初露大家迹象了。

P266-320

中国美术馆

266 中国写实画派2012年展

这支队伍主张的都是自己对理性精神和传统文化的崇尚，坚持从油画语言的本源和油画内涵的本质，吸收西方油画精华，融入本土深厚的文化内涵，并且始终遵循着这一线路，走过了九年的风雨历程，而且取得了骄人的成绩。

写实是一种力量 文/杨飞云
部分参展艺术家

陈逸飞	艾轩	杨飞云	王沂东	忻东旺	陈衍宁	刘孔喜
郭润文	徐芒耀	袁正阳	张利	龙力游	李士进	徐唯辛
夏星	郑艺	翁伟	庞茂琨	冷军	李贵君	张义波
朱春林	王少伦					

286 再写生，共写意·中国油画名家写生研究展作品选登（上）

再写生，认可重新写生的当代意义，重新面对写生活动能够重建心灵与自然的精神联系。共写意，在这群艺术家心中还有一个共同的"写意"情结。在面对强势的西方和当代艺术时，文化本能会呼唤传统文化的写意精神。

现实关注与精神自由 文/孙建平
部分参展艺术家

范迪安	戴士和	孙建平	杨尧	陈宜明	忻东旺	丁一林
邱瑞敏	孙纲	砂金	司子杰	王辉	姚永	杨参军
白羽平	陈树东	崔国强	李江峰	刘大明	石煜	孙浩
王琨	袁文彬	杨诚	张立平	段正渠	顾黎明	管朴学
张新权	黄菁	马轲	毛岱宗	任传文	王玉平	俞晓夫

306 化象成境·李江峰油画作品展

李江峰，北方人氏。平时不乏女人的温柔细致，挺讲究生活的品位，但又不时露出一股子说不明的嘎劲。有时她很女人味，有时又有满不在乎的粗犷洒脱，这文与野相谐的个性特点，倒也处处流露在她的笔底。 文/陶咏白

318 伦勃朗肖像画中的情感表达（上） 文/南京艺术学院研究生 冯云

钱流 昆曲遗韵 220×200 布面油画 2010

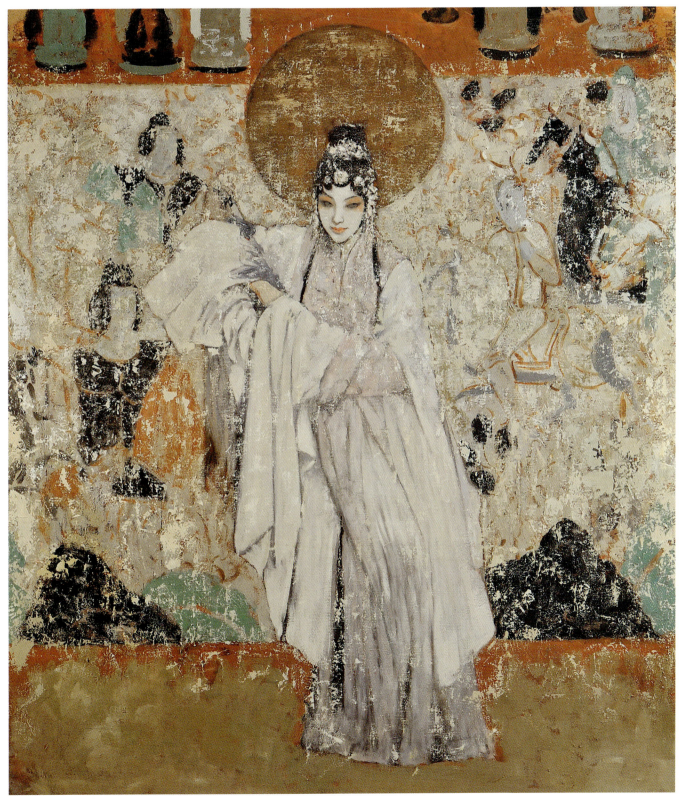

大家·戴士和
D-SHHE

趣在法外

文/彭锋

[编者按] "向大师学习"一直是我们艺术家的心声，特别是在我们的创作限于困顿与迷惑状态的时候，我们总是以不同的方式再次走近大师，再次揣摩他们的作品，再次努力去体悟他们的来龙去脉，以取得某种契合与相通。或许他们许多人早已离我们而去，或许还健活在我们的周遭，逝者尚未远去，健者愈显光芒，只要我们一拿起画笔，大师们的声影便悄然而至，闪活在我们的心间脑际，因为他们的精神永在，他们的精神是我们明航的大星。天际浩渺，群星闪耀，即便悉心地去罗列细数，也不能尽其详，但无论如何总有那么几个总在你的脑海里忽来闪去。不消远说西方的雷翁毕翁，远去的林公常公，只我们身边闪亮的大星同样让世界美丽。高妙的艺术家常常能创造美丽，戴士和先生就是一位创造美丽的大成者，论家常以生趣论之，艺家每以高手敬之，藏家则因得其一作而倍感欣慰而乐之，而先生在"画我所要"中悠扬吐纳，寓之于情，铺陈万千精彩，多年来一直为人们所推崇，不仅在中国本土有着广泛的影响，在全球都有非常高的知名度，当之无愧地成为一代大家。关怀宏厚，佳构等身，每个时期都不乏精品面世，本期裒辑乃先生近两年之新作。

自从油画进入中国以来，如何将它成功地本土化，就一直是中国艺术家给自己确立的一道难题。从全球范围来看，似乎只有中国艺术家面临如此难题。这可能与中国文化传统强大且特征鲜明有关。那些文化传统不够强大的艺术家，唯恐自己的油画不够正宗，因此就不会遭遇这方面的难题。

国画与油画之间，除了题材和语言上的区别之外，还有趣味和格调上的不同。清代画家邹一桂在承认西洋画具有非凡的写真效果的同时，指出它"笔法全无，虽工亦匠，故不入画品"。中国画家喜欢品评作品的品格，常见的有逸、神、妙、能四种区分。在邹一桂看来，西洋画最多只能达到能品的层次。需要指出的是，邹一桂所见到的西洋画，只是传统的写实绘画。在邹一桂之后，西洋画有了重大的变化，其中不少变化源于对东方艺术的吸取。但是，这种变化只是在西洋画内部进行的，它们涉及绘画的题材和语言，但并未触及趣味和格调，因为从事绘画的人和他们所处的文化背景并未发生根本变化。只有当油画进入全然不同的文化背景中，才会发生这种根本的变化。油画在中国的本土化，会让它焕发新的生机，就像佛教在印度衰微之后，以禅宗的形式在中国获得新生一样。

油画在中国的本土化进程可以区分出不同的阶段：首先，要学会像欧洲古典油画家一样画画；其次，要形成新的或者中国式的油画语言；最后，要体现中国式的审美趣味和格调。在前两个阶段，中国都有艺术家做出了重要的贡献。直到21世纪，随着中国人的文化意识的觉醒，对趣味和格调的追求才在一些艺术家那里变得自觉起来。戴士和就属于这种类型的艺术家。在学会像欧洲大师一样画画之后，戴士和并没有就此打住，而是在不断向前探索，力争创作出体现中国趣味和格调的油画。油画到了戴士和这里，就像佛教到了慧能那里一样，原来的规矩和法则已经抛到九霄云外，剩下的只是明心见性和自由表达。

　　我特别喜欢戴士和作品中所体现的生趣。这不仅因为他将写生当作创作，而且因为他特别强调绘画手法，强调一笔一画在画面上留下的痕迹。换句话说，戴士和作品的生趣，不仅体现在对象的鲜活上，而且体现在笔画的生动上。郑板桥曾经讲到过他的一次画竹的经历，其中的竹子呈现出不同的形态：有烟光日影露气浮动于疏枝密叶之间的"眼中之竹"，有胸中勃勃遂有画意的"胸中之竹"，还有落笔倏作变相的"手中之竹"。郑板桥总结说："意在笔先，定则也；趣在法外，化机也。"我特别欣赏这里所说的"落笔倏作变相"和"趣在法外"，因为他们触及艺术的根本。

　　在西方，自从照相技术诞生以来，就有绘画死亡的说法，因为从对物象的再现来说，绘画无法跟照相竞争。但是，绘画是艺术家一笔一画画出来的，有笔法，因而有个性；摄影只是成像的光学和化学过程，跟体现个性的书写关系不大。在郑板桥看来，好的作品不

仅有笔法的定则，而且有法外的妙趣。戴士和绘画的生趣，正体现在他对法则的坚守与破坏之间的适度把握上。戴士和通过法外之趣的追求，不仅要让我们看到他所画对象的生机活态，而且要让我们看到他的绘画过程的一气流通。在这种意义上，我们可以说，戴士和用他的绘画为我们展示了一个新的世界：它既不同于我们亲眼所见的现实世界，也不同于艺术家为我们讲述的语言世界。眼见的现实世界缺乏语言，讲述的语言世界限于语言，只有借助语言并超越语言的世界才是艺术世界。因为它超越语言，艺术世界永远是在创作过程中敞开的唯一世界，包括艺术家自己在内都无法重复，更无法由他人来捉刀模仿。戴士和在画面上直接留下的，就是那些无法重复的绘画痕迹，这些痕迹的不同之处在于我们从中又能够看到图像的生动呈现，通过图像的生动呈现看到自然背后的精神。用郑板桥的术语来说，在戴士和的作品中，我们能够看到手中之竹、胸中之竹和眼中之竹之间的

相互牵掣和发明。

　　在戴士和的作品中，绘画的痕迹既是物象的印迹，也是画家的心迹。每幅作品，不仅是自然的面纱的揭露，也是画家的心扉的敞开。通过戴士和的作品，我们一方面走进了生动的自然，另一方面遭遇到洒脱的心灵。戴士和的画常常给人痛快淋漓的感觉，因为他的心灵与自然一样真诚而深邃。我们从戴士和的作品中看到的既有天真烂漫，又有老辣深沉。

　　　　　　　　　于北京大学蔚秀园

戴士和 花儿与少年-宁夏回族自治区人物写生
120×360 布面油画 2011（上）
戴士和 东方欲晓-中国共产党早期组织
200×600 布面油画 2011（下）
戴士和 东方欲晓-中国共产党早期组织（局部-
左1）布面油画 2011（右页）

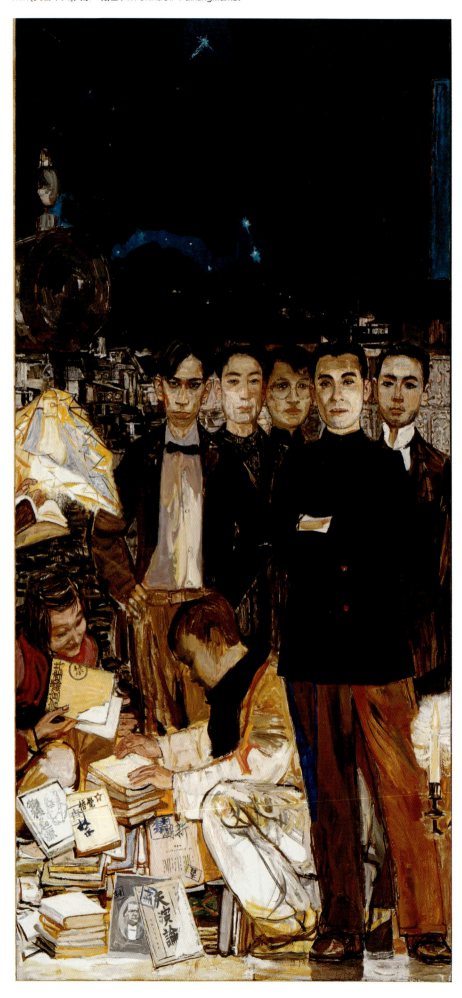

戴士和 东方欲晓-中国共产党早期组织 (局部-左2)
布面油画 2011

戴士和 会泽的赵国强先生 100×80 布面油画 2012

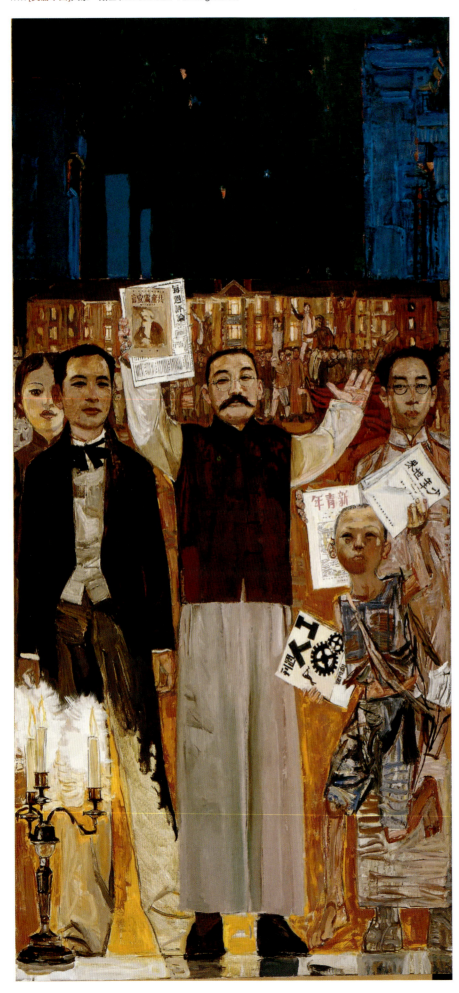

戴士和 东方欲晓-中国共产党早期组织(局部-左3)
布面油画 2011

戴士和 有经验的语文老师 100×80 布面油画 2012

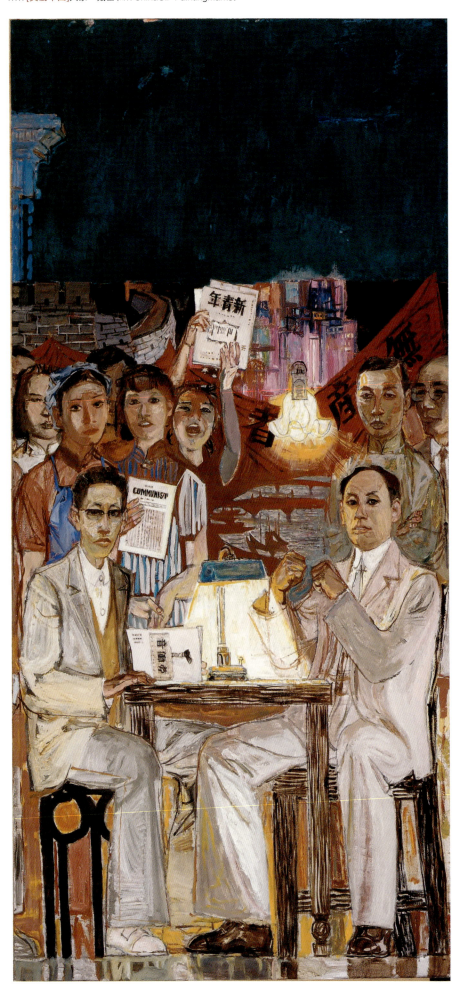

戴士和 东方欲晓-中国共产党早期组织 (局部-左4)
布面油画 2011

戴士和 李军 80×60 布面油画 2012

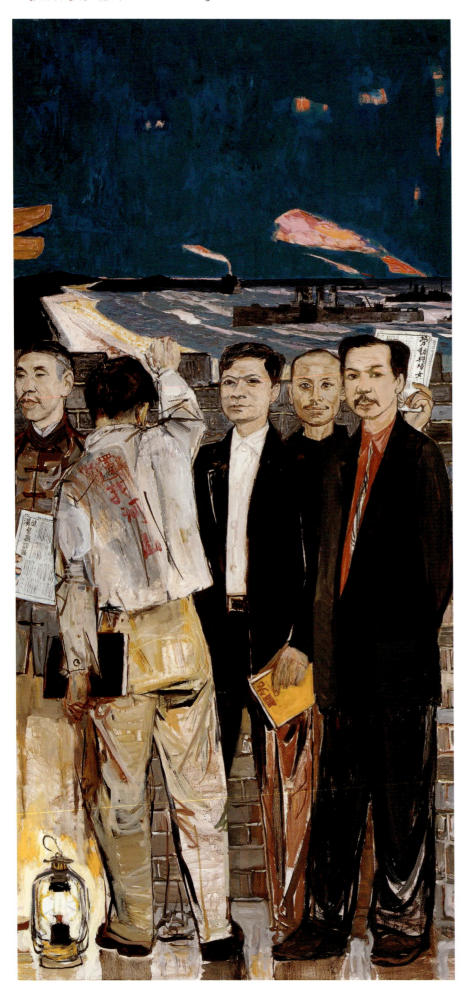

戴士和 东方欲晓-中国共产党早期组织(局部-左6)
布面油画 2011

戴士和 著作等身的会泽通 100×80 布面油画 2012

戴士和《惠安女》
90×240 布面油画 2011

二〇一一年 十月于泉州

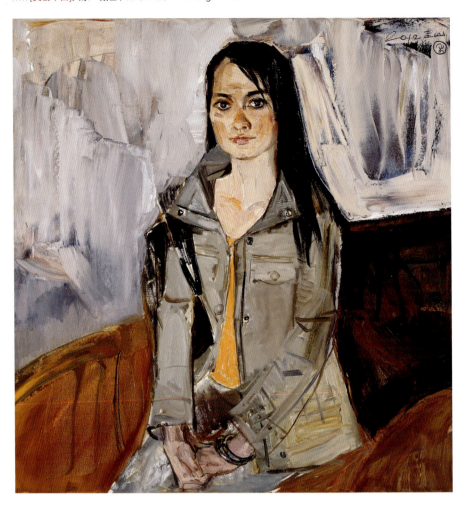

戴士和 小梅 120×120 布面油画 2012
戴士和 业余的二泉映月 100×100 布面油画 2012

戴士和 两个学生 120×120 布面油画 2012
戴士和 老黄 120×120 布面油画 2012

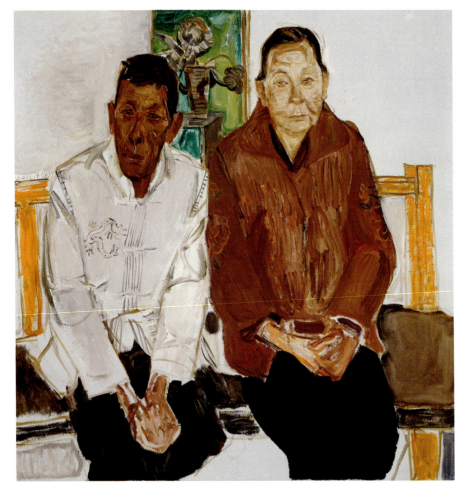

戴士和 苏斌与小管 120×120 布面油画 2012
戴士和 会泽农民诗人和他的太太 100×100 布面油
画 2012

戴士和 会泽诗社的两位诗人 100×100 布面油画
2012
戴士和 两位教师 120×120 布面油画 2011

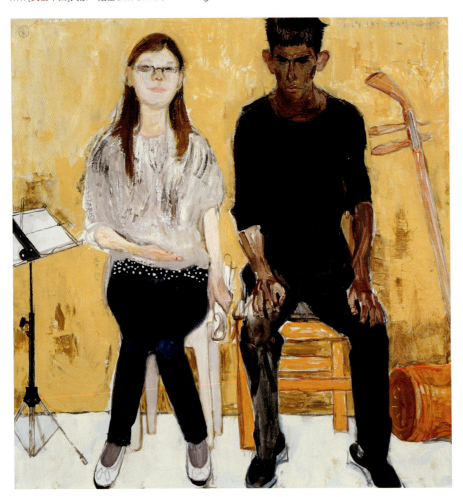

戴士和 汉族音乐老师和她的彝族学生 100×100 布面油画 2012
戴士和 从孙中山纪念堂眺望广州 120×120 布面油画 2011

戴士和 沂蒙春色 80×210 布面油画 2012
戴士和 碧云寺 120×120 布面油画 2011

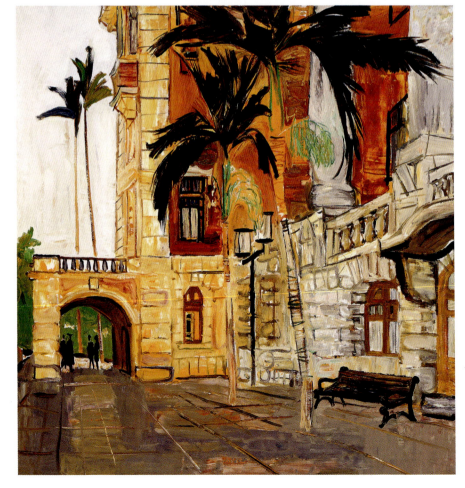

戴士和 香港大学 120×120 布面油画 2011
戴士和 香港大学之二 120×120 布面油画 2011

戴士和 乌蒙山下 80×100 布面油画 2012
戴士和 高原雨后 80×100 布面油画 2012

戴士和 云南写生 120×120 布面油画 2012
戴士和 湿的雪 80×80 布面油画 2012

戴士和 晚钟 80×70 布面油画 2012

二〇一二年四月春暮近嶗山作

戴士和 春节期间的百合 120×120 布面油画 2012
戴士和 孙中山纪念堂 120×120 布面油画 2011

戴士和 窗外的雪 100×80 布面油画 2012

精神而生发出来的荣光之美。这种美纯粹、宁静，吐露着的一种生命的真，正像本世纪杰出的神学思想家巴尔塔萨（Balthasar）所说的："真是在的无蔽。一切在作为在在真中敞明自身，意味着在从无的遮蔽和神性意旨的奥秘中出场，进入此在，并在此在中作为开显的本质奉献给认识的目光。

范迪安：杨飞云在画坛早已有名，谈到当代中国油画时，少不了提及他的名字。他堪称当代油画队伍中的一员大将，他的艺术见解和艺术技巧在中国油画界产生了很大的影响。他的精湛技艺获得了同行的赞赏，也吸引了许多晚学，形成了很大的影响。在油画语言上，他的熟练程度和把握能力令人钦佩。

陈丹青：谦逊、勤勉、坚持、平稳，杨飞云凭借自己的品性，为人作画，一以贯之。杨飞云的传统写实美学，是根基脆弱的中国油画史的个人补偿。他臻趋圆熟的艺术，诚实无欺，与急功近利的时风背道而驰。杨飞云的实践有效提醒着我们与西方的文化时差——在21世纪，仍然有中国油画家从深处认知19世纪欧洲绘画的命题，这一命题从未在本土充分展开，便已丧失了应有的魅力与尊严。在少数坚守传统的当代油画家中，我所敬重而钦佩者，是老同学杨飞云。

崔自默：杨飞云的作品，给人的是清丽、悠远、静谧和安逸之感，那是一种经典之美。

邓平祥：杨飞云具有非常强的造型展开能力和描绘能力，他象一个交响乐的指挥一样出色地将作品的基本旋律进行充分的展开、呈现、深入、丰富。并将它推入艺术表达的高潮。杨飞云十分重视作品的制作过程和操作过程："整日里苦心于把握和表达这种冲动，全部生活似乎缠绕在这里边，画大一点，还是小一点；用笔刷上去还是摆上去；色彩强一点，还是弱一点；造型方一些，还是圆一些等等。这些非常具体的简单绘画因素碰到一起，透过画家笔端在随时的敏锐把握和整体控制当中，决定着整个作品的表达力度。好画家就是这样，通过笔尖扎实的实践，倾注全部心血创作出一幅幅作品。"杨飞云在造型上的整体把握能力和控制能力良好，这不仅仅是一种能力，更重要的是一种成熟境

杨飞云 红 180×150 布面油画 2007
杨飞云 四川女孩 100×90 布面油画 2007

界才会出现的修养。

常磊：杨飞云先生关注自然、更关注表达自然的语言。熟悉他作品的人都可以清晰地觉察从20世纪80年代至今他语言变化的线路图。杨飞云先生推崇历史上杰出的古典主义大师，诸如委拉斯贵之、伦勃朗等人。他在语言实践的过程中会尽可能地借鉴其所长，学习经典的语言精神，而体现在自己的作品当中却一定是语言的追求借鉴而不是模拟或翻版。在绘画的过程中，他常常为如何简而反复推敲，也常常为如何繁而费尽心机。综而述之，他所关注的一切语言问题都是整体的节奏关系问题，是综合因素如何最大程度地协调和发力的问题。尤其对于杨飞云先生来说，他所关注的语言问题越来集聚在语言问题的顶端，汇集在通过语言关系与节奏的调整所传达的情绪问题上。当然，语言所

包含的所有因素都在协调追求之中。不可否认，杨飞云的绘画是有风格的，与风格主义的不同就在于他的风格是自然积淀升华出来的，不是为了标识与他人之差异而强行树立的。稳定的风格一旦得以建立是很难做革命性改变的。有一些艺术家把风格的追求作为其艺术目标，这是舍本逐末。杨飞云先生始终没有去追求所谓的风格，他的艺术风格是在探究心灵与自然的关系过程中建立起来的，他的变化持续稳定，有章可循。他所探究的始终是纵向的深度而不是横向的样式。多年以来，杨飞云先生手不释笔、勤奋不已，他的语言逐渐得以升华。纯粹语言本身与自然之关系也达到了完美的契合，不失自然的优美与节奏又兼有语言的高度概括与凝练。

中国嘉德：在杨飞云的笔下，女人体，女肖像，其中包括自己的妻子，都成了绘

画的主题。他曾直率地说他不喜欢衰老和丑陋的东西，而只有青春美丽的事物才使他激动，他要表现充满青春和美丽的形象。同时他又把这种"美"进行了"理想式"的加工，使之呈现出一种静谧含蓄，而又可亲可近的抒情基调。画面中的人物往往被安置在金字塔式的稳定之中，姿态是安祥的，表情、动作是含蓄的，光线是柔和温馨的，背景或是单纯的整体色块，或是安置几组井然的静物摆设，整幅画面呈现出一种理想的抒情气氛。画面上眼睛是画家最想刻画的地方之一，杨飞云笔下的眼睛大都是大而亮的眼睛，流露出一种似乎不可揣摩，但又充满希望和憧憬的目光。

阳光艾德：在写实的背后，或贯穿于写实的还有另外一层精神的品质，那就是美的理想，这种美的理想在他的笔下转换为一种抽象的意蕴，所以他的画，又

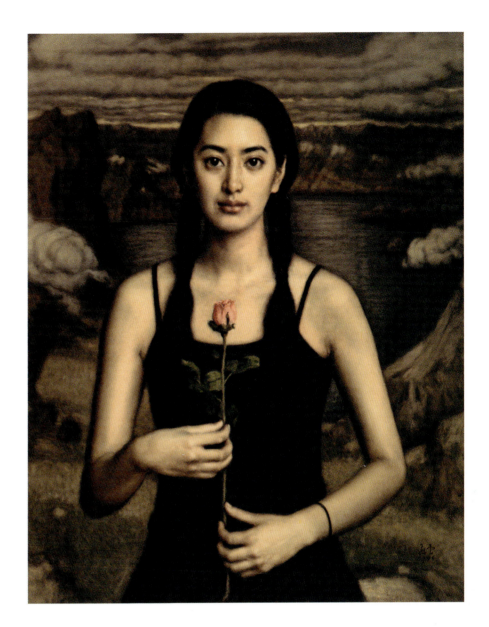

杨飞云 畅然 113×146 布面油画 2006

杨飞云 镶金边的云 130×113 布面油画 2006

具有丰富的抽象特性。他的作品之所以并非现实主义或写实主义,关键在于其室内近观所构筑起来的形体结构和声光节奏,祛除了现实素材中一些无足轻重的杂质,而培育出生命贯注的纯净之美。正是这种纯净之美承接的古典精神的内在灵魂,使得他画面中的抽象性不致于滑为现代艺术中的抽象主义。具象和抽象迭合构成的古典作品,给人一种包容性的丰富特征,这也就使得解读杨飞云的作品并非那么简单,在他那里既有古典大师的决定性的影响,也不乏塞尚、马蒂斯等现代画家的印迹。不过,难能可贵的是,杨飞云艺术作品的多层性,并没有给人生硬组合之感,读他的作品犹如聆听一曲旋律美妙清纯的小提琴独奏,其境界有追随东方高山流水和西方天堂之音的韵味。

[部分成交记录]

静物前的姑娘	100×80	34500000	北京保利
荷花屏风	200×180	17250000	北京保利
红	195×165	11500000	北京保利
同行	194×136.5	10925000	朵云轩
女人与猫	115×125	6900000	中国嘉德
女儿榻	161×130	6608000	中国嘉德
西北的云	90×75	6600000	北京嘉宝
一杯红酒	185×115	6095000	北京艺融
双项链	130×97	6095000	华艺国际
三友行	200×155	5824000	北京保利
木卡姆艺人和他的学生	162×130	5750000	北京保利
祈祷和平	185×115	5720000	际华春秋
红色的张力	167×130	5175000	北京翰海
红衣少女	130×89	5060000	北京传是
恒	146×89	4600000	北京保利
赞美之声	162×130.5	4600000	中国嘉德
方式	162×130	4600000	北京保利
十九岁	100×80	4592000	中国嘉德

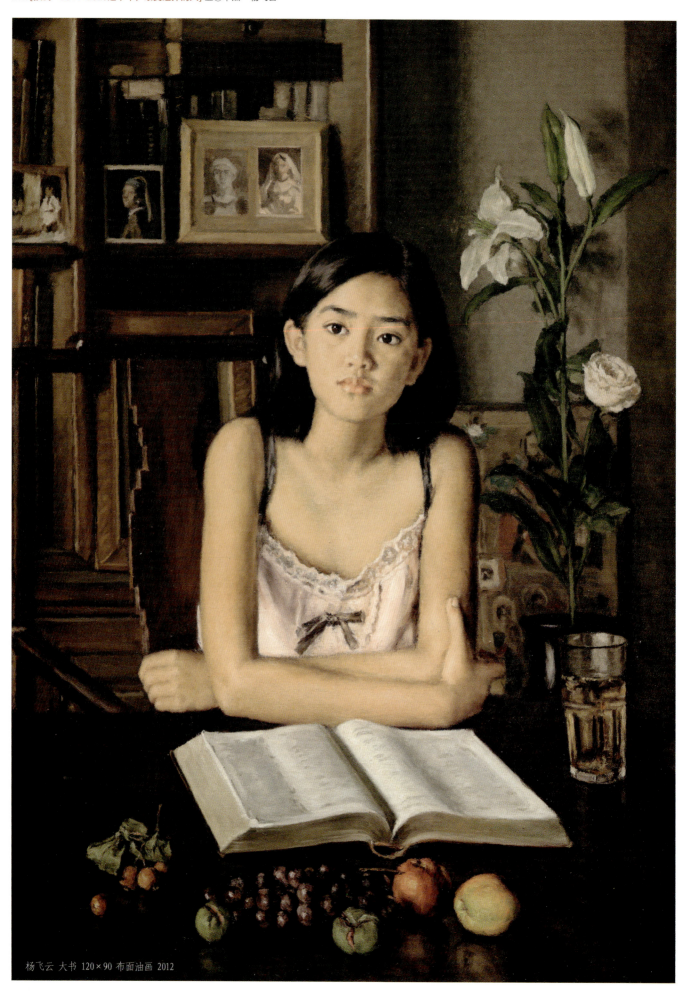

杨飞云 大书 120×90 布面油画 2012

王沂东

[市场数据]

目前上拍件数：365件
目前成交比率：85%
目前总成交额：5.7亿
目前均价：80万/尺
单件最高拍价：1955万
最高纪录作品：《新娘》
上拍机构：北京传是
上拍时间：2011.6.16

[凤池观察]

他以油画的形式把"中国红"红到家喻户晓，红到漂洋过海。形象之美与精神之美，生活之美与艺术之美在王沂东先生这里作了最美的结合。

[画人妙语]

沂蒙情结 沂蒙山应该说是我的老家，在那里，我的父母、爷爷奶奶、姥姥、舅舅、叔叔全都在一个村，都住在一起。我父母那个时候工作单位离老家很近，所以我一到暑假、寒假，我一有时间我就往老家跑。往老家跑，一个是这些舅舅、姥姥等亲人都对我特别好，感觉在农村特别好玩。那个时候就是小孩儿嘛，小孩儿感兴趣的就是一个自由的天地，一放假在那里可以随便玩，大家有的时候去洗澡、抓鱼，去我姥爷的瓜地偷个瓜什么的，反正就是觉得很好玩。这些东西如果不是画画的话，也许在记忆当中就是一些小孩儿的有趣的事情。但是因为我画了画以后，就是以前那些生活什么的，就在视觉这个范畴里面开始摘一些喜欢的东西，所以我对那个时候喜欢的东西印象特别深。因为我到山东艺校上学以后，经常到农村去，也经常到临沂这边写生，所以还是和农村的生活联系在一起。再加上那个年龄对人的一生影响特别大，就是八九岁有了记忆，一直到十七八岁，整个农村生活在我的脑海当中占的面积特别大，所以等我搞起创作来，就不知不觉回到我那个时候的一些记忆当中的事情。当然这种记忆不是事情了，变成一种视觉的了，等于是适合一个画家考虑的一些问题。所以你说沂蒙山、说农村对我的影响，主要还是因为有以前的那些经历。还有就是后来我艺校毕业，去农村干了一年活，就是农业学大寨工作队。那个时候年龄就大了，对整个社会结构，人与人之间的关系就观察得多了。这个对我以后的创作都有影响。

画画与照片 写实绘画很重要的就是很尊重客观世界，要把眼睛看到的东西，经过画家重新认识搬到画面上来

王沂东 盛装的维吾尔族姑娘（局部）布面油画 2012
王沂东 静静的蒙山雪 100×150 布面油画 2005

北京保利：《沂蒙娃》表现了一个稚气未脱的女童形象，画家将人物设置在一个距离观众视线非常近的位置上，似乎画面中的女孩与观众之间并没有什么距离。从画家的角度上看，他是在最近距离接触和刻画这个女童，从表现对象的角度看，画家、观众或是外面的世界对她来说充满了吸引力，女孩的姿势和背后白色矮墙的强烈透视效果，衬托出了主人公向外面世界的接近是一个缓慢而略带紧张的过程，她的眼神中既带有好奇的神情，也有一丝怯生生的迟疑。画家似乎要通过这样的安排传达某种情绪或是情感。于是在画面色彩的选择上，单纯的黑、白色彩与中性的褐色调构成了作品的主色调，这是作品主题在艺术上所需要的纯净，同时，也给作品蒙上一层涩涩的恋旧情怀。在王沂东的情感世界中，生他养他的沂蒙山区是他魂牵梦绕的地方，他同时也对那里一望无际的北方田野，对世世代代生活在这里的勤劳、敦厚的农民，倾注了无限的爱，可以说，是沂蒙山造就了他的艺术。王沂东在这

件作品中撷取的只是他的心路历程中的一个短暂的瞬间或者根本就是梦境中一个场景，在这样的场景中，少女内心的羞怯、好奇、紧张成就了作品的精神特质。

《美术评论》：王沂东本人对自己的创作十分清醒，并以谦逊平和的心情恪守着自己的追求。他用这样的话表达了自己的目标：我将继续以北方农村作为创作的源泉；在画面的构思和意念的发展方面来看，我对象征主义和浪漫主义绘画兴趣浓厚；我努力用具象的手法表现客观对象中的抽象概念；我将学习各家之长，特别是吸收中国本民族的绘画语言与艺术思想，充分吸收中西方文化的精华而又不失自我，才能完成自己的风格。

《上海证券报》：光从画面的色彩上说，早期的作品还能看到大块的白，甚至是黄和绿。越往后的作品颜色越纯粹，大量的用黑和红。平面构成上在变化，画面的醒目感和形式感都比以前明

确。王沂东一直在捉摸人内心情绪映射到脸上的微妙体现，确实，每个故事的主要部分都是情感，虽然是瞬间的画面，但是打动人的东西都是一样的。

[部分成交记录]

新娘（2005年）	150×100	19550000	北京传是
远方来信	150×180	17920000	中国嘉德
盛装的维吾尔族姑娘	120×60	14950000	北京保利
春袭羽萍沟	180×145	14560000	北京保利
瑞雪	100×150	13225000	北京保利
红绣球	100×150	12320000	北京匡时
闹房No.2-吉祥烟	150×250	12980000	香港苏富比
静静的河谷	149×149	11270000	北京保利
瑞雪	100×150	11200000	北京保利
寄语青石沟	117×73	10810000	中国嘉德
远方来信	150×100	10670000	际华春秋
美丽乡村	100×100	9775000	北京翰海
蒙山晨雾	120×120	11860000	香港苏富比
纯真年代	180×180	9350000	北京保利
新娘（1998年）	150×100	9200000	北京保利
约会春天	146×99	9072000	北京保利
一抹白云	100×100	8960000	北京保利
泉	170×90.2	8960000	中国嘉德

王沂东 杏花飘香时节 100×150 布面油画 2007
王沂东 春袭羽萍沟（局部） 布面油画 2010

王沂东 沂河边上 150×100 布面油画 2002

王沂东 红衣女孩 100×80 布面油画 2007

郭润文

[市场数据]
目前上拍件数：196件
目前成交比率：90%
目前总成交额：1.7亿
目前均价：40万/尺
单件最高拍价：1380万
最高纪录作品：《广州起义》
上拍机构：北京艺融
上拍时间：2012.12.19

[凤池观察]
他在古典中化生出新意并以超一流的表现向全世界证实油画这门西来的画种在中国一样能开出美丽的花结出丰硕的果。

[画人妙语]
古典绘画　我并不认同我的作品是古典的，所谓古典是具有历史赋予的特殊属性，历史赋予它具有一个特殊环境下所谓经典的概念。现在的理论家习惯把古典这个词挂在嘴边，可能是基于文章好写一点，类别好划分一点，就是把古典的手法跟绘画放到古典主义的概念里面，类似于表现主义的手法放在表现主义里边，这样他们谈起来比较容易规范一些，容易划分一些。事实上艺术家并不认可自己是古典主义画家，为什么？因为古典主义有特殊的情节和图式，跟当时的历史、宗教、政治乃至整个社会环境有非常密切的联系，才能产生古典绘画这个概念。现在我的手法是借用了19世纪前油画的手法来表达绘画，我的作品从外表上的技法，包括色调和手法类似于古典主义的绘画，但并不是真正的古典主义作品。我是一个现实主义画家，只是借用了古典主义的技术和表现方式而已，真正内在的还是现实主义。

艺术宗旨　学生进入市场，进入画廊我觉得不是一个坏事，相反是一个好事情。第一解决了他们的生存问题，让他们更加有精力去表达他们的艺术，第二这也是必然，除了拥有一个体制内工作之外，如果还想进行艺术创作的话就必须进入市场。第三年轻的艺术家进入了市场怎么去判断他的艺术是否符合市场的某种约束？比如画廊让你画一个东西，你是否准备去画？这就需要商榷，需要自己去判断。一个艺术家必须要想到这一点，你是发展中的人，不是固定的，你的艺术创作不应该仅仅停留在维系生活的画廊层面。年轻艺术家的艺术创作道路是非常漫长的，应该把这些当成艺术生涯中的一个过程。如果说这个东西违背了你的艺术宗旨，违背了你的艺术发展就要拒绝，宁可收入差一点也要拒绝。

[专家说法]
靳尚谊：郭润文是当代古典绘画中很重要的画家，造型上更加概括和单纯，题材上以独特的视角更多关注当代，这两点跟许多人不一样。

詹建俊：郭润文是把西方古典主义中很精华的东西学到手了，然后结合现实生活，结合他个人的审美趣味，使他的艺术呈现出特殊的风采。他的画很像他的名字，手法很润，气韵很好，柔美平和，温文尔雅。他的画非常强调画面的技艺性，有一种技艺的美感。当代艺术强调观念，不太重视技艺的运用发挥，作为写实绘画技艺是非常重要的。郭润文极大的特色是他的技艺之美，在写实绘画中这是一个难度，如果没有很好的绘画基础和能力是达不到这样一种感觉的。郭润文的绘画在当代很受广大观众的喜爱，也得到专家的一致认可。他现在在运用古典方面，形成了一个学派，特别是在广东，很多人学他，也很像他。但是，他是第一个，是具有创造性的。

尚辉：郭润文写实油画艺术的成熟，标志着中国写实油画的一个深入的发展或者到了一个新的高度，他的油画可以作为新古典写实油画的一个代表。

雷米·艾融：郭先生非常了解自己的作品所带给人们的感受，因为这些感受

郭润文 排练 (局部) 布面油画

在他的作品中得到了很好的展示。当我们沉浸在郭先生的作品中，我们也许会自信地停留伫足，也许会因为精神的畅游而短暂的迷失自我。那些鲜活的人物或静止的大自然，让我们感到这静谧的时光仿佛已慢慢地延伸并穿透了岁月，远离尘世的喧嚣。一个手势，一个创造绘画灵感的指引，让我们在那里看到了对于生命的领悟，并带领我们走向幸福、传递和谐。郭先生的绘画作品向我们传递了一个信息，即绘画作品的连续性和永久性是靠一种令人敬佩的对油画绘画技巧的实践与掌握来支撑的。遗憾的是，在西方国家，由于各种原因，这一点却经常被人们所遗忘。

《中国当代油画经典解读》：油画家郭润文的作品属于古典写实的风格。他的艺术实践是在一种自足和自觉的状态驱动下进行的。郭润文的作品竭力打破过去、现在、未来的界限，展示诗意般的世界，使过去和未来作为回忆或预感进入当下生存之中，以至与世间生活联系在一起，而不乏引向现实的人间联想。画家不只是为了使对象呈现出生活化的特征，也不仅仅是为了纯粹地记录过去的经验片段。

广东保利：郭润文作画富有激情，笔触生动，青春的生命热情以压抑感伤的情调含蓄地表现出来。《拉曼》描绘一年轻女孩的侧面，皮肤的质感是青春女孩特有的，但神情中却流露出忧伤。面部细腻写实的笔触与轻松粗放的背景形成对比，显示了画面的节奏感。

中国嘉德：郭润文的油画作品汲取传

统艺术营养，以现代艺术观念重建传统文化情境。他笔下的人物和道具既是传统的，又是现代的。以逼真创造恍惚，将记忆溶入现实，成为他的写实绘画与许多形式相仿而内涵不同的作品的分野。他以现代艺术观念的角度来研究传统思想、传统绘画，在中国的绘画界产生了深远的影响。

雅昌艺术网：在2011年春拍写实油画拍卖市场中，一匹黑马横空出世，郭润文1993年作品《永远的记忆》在荣宝春拍的中国油画及雕塑专场，以550万元起拍，以1176万元落槌，创造了艺术家最高拍卖纪录的成绩，以全场唯一过千万的拍品而成为全场最大亮点。

[部分成交记录]

广州起义	130×215	13800000	北京艺融
永远的记忆	121×116	11760000	北京荣宝
艺术家的故事	114×146	8280000	北京翰海
大家闺秀	180×115	6670000	北京艺融
傀儡之一	135×120	6325000	荣宝斋(上海)
梦归故里	121×116	5750000	北京艺融
玩偶	154×96	5750000	西泠拍卖
回草原	95×152	4140000	中国嘉德
林中漫步	190×100	3450000	北京传是
痕迹	80×80	3335000	西泠拍卖
姿态	150×75	3335000	北京保利
天惶惶·地惶惶	134×119	3220000	北京保利
欲望的解释	100×90	2932500	北京艺融
落叶的春天	135×115	2915000	中国嘉德
盛装	80×50	2090000	海南泰达
优雅的女孩	160×80	2016000	北京保利
梳妆	109×77	1495000	中国嘉德
遥望	130×50	1456000	北京翰海

郭润文 小英子 30×30 布面油画 2008
郭润文 红沙发 55×45 布面油画 2008

郭润文 正月十五 80×50 布面油画 2009

郭润文 邂逅 162×126 布面油画 2006

朝戈

[市场数据]
目前上拍件数：157件
目前成交比率：85%
目前总成交额：7600万
目前均价：30万/尺
单件最高拍价：828万
最高纪录作品：《乐民与长胜》
上拍机构：北京保利
上拍时间：2011.6.2

[凤池观察]
他用画笔刷净了尘俗与铅华，他把旷野点乱得辽阔而豪迈——茫茫中让我们感觉出当年成吉思汗博大的胸怀与气概。

[画人妙语]

内心动力 世俗化的世界，肯定了人的本能的存在，但危险是人变得非常地贪婪，现实很多重要的东西被抛弃了，人们变得不快乐，很容易愤怒，幸福感降低等等。那么西方之行中，使我印象最深刻的是早期的一些重要的殉道的人物，他们在贫苦的环境中坚守着高尚的精神追求，这曾是人类最重要的东西，我很受震撼，我感觉到我有很大的内心动力去寻找、表达这种精神和情感，具有这种精神和情感的艺术才是能够感动、征服人类的艺术。

艺术性 我希望艺术不要过多解释社会生活，那样的话，艺术好像被另外的目的利用了，艺术的独立性会降低。比如西方的俄狄浦斯式的恋母和悲剧情结，当时的创作者并不是为了阐述而阐述这个情节，而是在偶然中得到的。艺术有自己的核心，艺术可以包括哲学、社会学、心理学等多方面内涵，但这并不是艺术的本质。艺术本质还是艺术，是一种内在的力量。我认为非阐释性更接近艺术。同样，语言形式我希望单纯、简单，单纯反而能够包含比较鲜明的事物。比如画面的肖像人物，看起来简单实际上包含了非常重要的东西。我认为比阐释复杂的故事更接近艺术。

愿意这样做 我将某种象征或精神力量赋予人物，使之带有偶像的特征，这是我在处理人物与现实的关系方面与别人不一样的地方。其实，从这个角度看我已经放弃了现实，对现实有很大的排斥，这时我是一个浪漫主义者。一些观众逐渐认识到这一点，比如西方的观众认识到，我画的是一个普通人，但是把他神圣化、高贵化了。很多人都这么说，也包括我们美院的年轻老师，我并没有用文字谈过这些，完全是来自观众自己的判断。他们说我把这些普通人高贵化了，升华了，我也愿意做这样的事。

[专家说法]
范迪安：生活在这样一个时代里的中国艺术家是幸运的，他们经历着社会现实的变化，又得以享受社会开放与信息便捷的条件，能够自由地取用多种艺术资源进行自己的创造。但与此同时，他们又是面临挑战的，因为无论是来自历史还是来自现实的文化产品，都极容易使他们深陷迷惑。来自历史的影响容易使人跌落在传统艺术的漩涡中成为某种风格的继承者，而来自现实的文化则像一条充满嘈杂浪花而稍纵即逝、四处弥漫的河流，容易使人的精神处在散乱的状态之中。因此，如何在艺术发展中既能从容地选择和汲取自己所需要的艺术养分，又专注于自己的精神追求，成为考量中国艺术家文化学养与艺术胆识的试金石。在欧洲出现画家中的人文主义者的文艺复兴时代之前，中国古代已将怀有文化理想的画家称为人文主义者画家，认为一个艺术家如果首先是一个知识分子的话，他当能在历史与现实的交汇中作出自己清醒的价值判断，他的创作动机就不是为了客观地再现眼前的事物，而是为了表达自己心中的情感，创作的结果也就是使画中的形象具有某种精神性的指向与内涵。若以这种标准衡量中国当代艺术家，朝戈堪称有代表性的一位。

杨卫：朝戈出名很早，20世纪80年代就享誉画坛，并一度作为冉冉升起的学院艺术的代表，跃出高墙，被各地的美术

考生朝圣般供奉。而90年代，朝戈也是非常活跃的艺术家，并蜚声国际。

邓平祥：在当代中国画坛，朝戈无疑是一位深谙艺术语言的人。但朝戈如果仅仅止于此，他在当代艺术史中肯定不会有这样突出的地位。使他昭示于当代，根本之点是在于他是站在时代的精神高地上来进行艺术思考和探索的，他使油画成为了精神的载体——在这样一个精神失落、价值失衡的时代，朝戈的艺术由此而具有了特殊的意义和价值。

尹吉男：处于僻静处的艺术家的种种体悟，在作品深处起伏跌宕，赫然映照在熟视的觉察中。无处躲藏的精神渗透使整个画面有了灵魂。在他那庄严崇高的宗教圣洁中似乎包含着冷静的精神分析，在他那健康的乐观人生中似乎包含着焦灼与苦涩。

栗宪庭：朝戈的艺术是高度敏感、紧张、思索型的艺术，看起来并不漂亮，却具备了极为重要的品质。

郭晓川：朝戈是一位深具文人气质的艺术家。艺术中的文人气，是指一种富有底蕴的书卷气息。朝戈内省式的表达方式，是他文人气质的主要构成因素。同样是人像，在朝戈这里，就远不是从唯美或肖似甚至传神的角度所能理解的。朝戈以其独到的锐利，刺探着人类最敏感的精神触点。貌似冷漠、实则深邃而坦诚的目光，是朝戈扫视世界的固有方式。没有声嘶力竭的呼号，亦无嬉笑怒骂的刻薄，只有沉静而犀利的凝视。这凝视，终于唤起了人们些许的不安，或许很多人会渐渐意识到作者对人性与社会所持的一种审慎的批判精神。作者在表达方式上简朴而直率，没有任何的矫饰、扭捏与哗众取宠。在中国当代油画领域，朝戈的作品一直保持着浓重的个性色彩。

一位从心理分析的角度，对人物形象深层心理给予探寻和表达的艺术家……朝戈开创的心理分析绘画艺术，或者说心理现实主义，在中国当代艺术史上，确实具有独一无二的价值与意义。

[部分成交记录]

乐民与长胜	160×92	8280000	北京保利
远了	190×82	6440000	华艺国际
东方	200×110	5060000	北京艺融
太阳	132×173	4400000	诚铭国际
New "Sensitivity" Series	140×84	usd457000	纽约苏富比
虹	140×91	3360000	北京保利
太阳	173×132	2640000	康坦普瑞
六月	142×113	1904000	中国嘉德
深色的风景	136×180	1610000	北京艺融
俯视	92×72	1610000	北京保利
两千年的两个人	200×131	1210000	中国嘉德
骑士苏和	188×111	1120000	北京保利
凝思的人物	95×143	920000	北京保利
红头巾	58×42	918400	北京翰海
雪线	80×160	792000	中国嘉德
蓝色肖像	65×41	770000	康坦普瑞

邹跃进：在中国当代艺术史上，朝戈是第

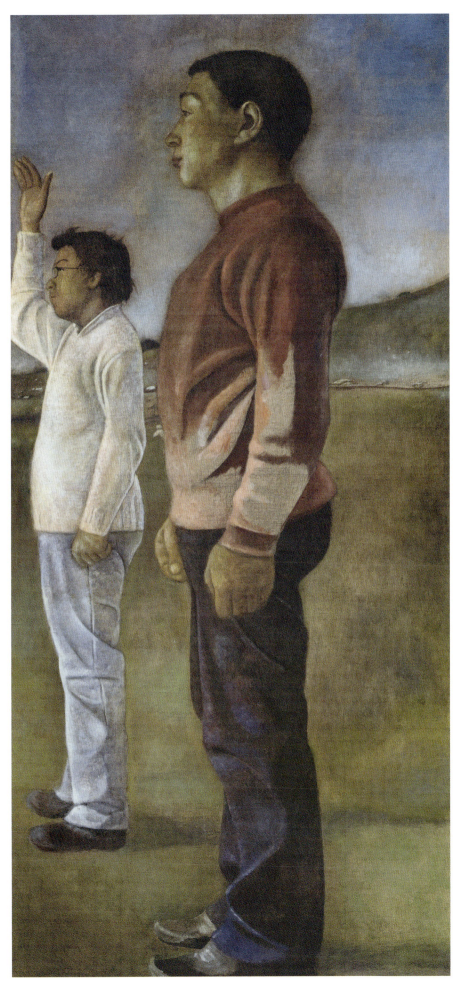

朝戈 蒙古包 35×40 布面油画 2007
朝戈 四月 190×75 布面油画 2007

朝戈 庄严的梅与李 110×75 布面油画 2007
朝戈 其其格和她的草原 182×112 布面油画 2008

杨参军

[市场数据]

目前上拍件数：77件

目前成交比率：75%

目前总成交额：550万

目前均价：5万/尺

单件最高拍价：99万

最高纪录作品：《历史的残面-南京遇难同胞祭》

上拍机构：浙江浙商

上拍时间：2006.8.19

[凤池观察]

他用凌厉的笔触削净了繁琐与低俗，他用诗化的造型重塑人类的靓丽与美好，而翻翻整个美术史几乎所有成大艺者骨子里几乎都有如他一样的"倔"劲！

[画人妙语]

理念就是理念 "具表"是一种理念，是一种方法，不是一种风格；我曾想特立独行，不参与任何的学派纷争。但作为一个画家，我不得不承认，这一理念深深影响了我，近17年来的创作，以至未来的艺术走向。人们把我归为"具表"，我就是，不是也无妨。理念不是风格，理念就是理念，我不想以进入某个团体来壮大自己的胆识。走自己的路，苦乐忧患，皆不惊不悔。但是，作为团队教学，它不同。它必须以系统的方法论和教学大纲为支持，以一种理性、科学的方式引导人进入这样一种创作状态之中。在这一点上，我"清晰"自己的角色。在修改教学大纲的过程中，在构建团队核心思想和教学核心结构的过程中，我义无反顾地走在前头。

杨参军 肖像系列4 100×80 布面油画

杨参军 家乡的风景之四 30×40 板面油画 2012

杨参军 家乡的风景之十七 80×100 布面油画 2012

具表我们今天常感到失落，因为我们已没有了自己的精神家园，没有了脚踏实地、脚踩大地的那种踏实的感觉。我们被抛在半空中，我们被今天的物欲、被虚拟的文化、被畸形的心理折磨着，我们感到焦虑。而"具表"正是希望通过这样一种视觉的反思和视觉的回归，来重建自己的主体意识，以此挣脱流行文化和虚拟文化大行其道的时代困扰。这是具象表现绘画对于今天的一个精神向往。当然，我们不是要做人类精神的拯救者，我们只能对自己的心灵有所体悟、有所感动，这对一个画家来说已然足够了。

[专家说法]

高天民：古典、诗化、结构、表现、写意、韵味、历史意识等词汇都与参军的作品密切联系在一起，浓郁的古典精神、开放的结构空间、抒情的诗化表现。参军通过自己的作品表现出对事物的多向切入的能力。我前面之所以说"题材"在他那里已不重要，既指他关注的不再是"题材"本身，也意在表明他对无论什么"题材"都已具有了自己的表达方式。当他以新的眼光重新回到事物、面对世界的时候，以往曾经困扰中国艺术家的一切问题对他再不是障碍，他在"与物同游"的时候，也在一个新的基点上贯通起传统与现代、本土与世界、历史与现实、个人与艺术。

邓爱琴：他的画是有着诱人之处的。我们的眼睛常会因为难以抵挡被吸进的魔力而抱怨，不经意地受他画面鲜明色块和抽象节奏的牵引。我们会突然看到生气盎然、真实可信的物体，但想留住视线仔细欣赏一番时，却又无法聚焦，它雾里看花般地被化开后又重新滑到抽象节奏上……这种互动的反复循环不恰好是正常视线中被吸引、延伸与再持续的反映么？他用画面干扰了我们的视线，他知道，视觉的真实在于错觉。他让我们站在抽象与具象之间的悬而未决中，任凭其用障眼法诱导我们进入他的磁场。

许江：

你从淮河水中来
昨夜，还带着平原的泥沼
淘洗地平线的枯槁
在荒野的尽头
倾听一首古老的民谣

黎明，抹一道闪闪的微光
已悄然渗入地表
石榴正火红地绽放
生命在多彩的撞击中燃烧

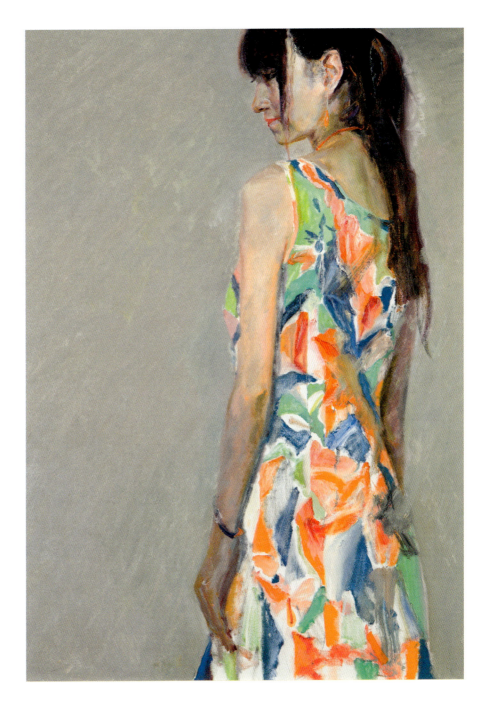

那淮河的流水
变光
变色
变火
变成地腹深处的丰饶!

孙景刚: 参军从来不是被市场忽略的画家。早年他曾数次远赴西藏,通过拍摄的数千张照片来组织和经营他的西域风情的作品。尽管也像大多数同龄人一样徘徊、纠缠在"主题"和"表现方式"的选择上,但他有好手艺,他总能很自如地驾驭画面,频频地入选展览,既获得奖项又不缺少市场的青睐。

杨参军 家园之四 40×50 布面油画 2012
杨参军 肖像系列14 100×80 布面油画

[部分成交记录]

历史的残面	150×300	990000	浙商拍卖
苗女	73×60	286000	浙江中财
双人体	150×100	220000	西泠拍卖
两个藏女	130×89	209000	保利上海
双人体II	160×70	209000	浙江中财
双人体I	160×70	209000	浙江中财
静物	80×100	168000	西泠拍卖
香江鱼市	155×145	143000	北京朵云
女人体	100×80	110000	历博国际
人体	100×80	101200	浙江中财
静物	80×65	99000	浙江中财
人体之二	78×54	99000	浙江中财
居家事务之七	100×100	77000	北京保利
屏风下的人体	100×80	77000	北京华辰
画室里的模特	100×80	72600	上海东方
大静物	80×100	66000	浙江时代

杨参军 家乡的风景之三 30×40 板面油画 2012
杨参军 肖像系列5 100×80 布面油画 2010

杨参军 肖像系列12 100×80 布面油画

感受,使人难以忘怀。

五

绘画艺术在其历史发展进行中形成了各种艺术流派,他们提出各自的艺术观点和理论依据,在不断质疑、探索的基础上,不断推新,日益完善。19世纪70年代,在欧洲以法国为中心的印象派的画家毕莎罗宣称"绘画只是表达印象",野兽派的代表马蒂斯则称"表现在绘画中居重要地位,但并不因此而否定事物的表面形式",立体派领军人物毕加索认为:"画面的任何形体,均有几何形体、线条的立体组合协调所构成"。罗丹曾言:"没有生命就没有艺术。一个雕塑家想要说明快乐、痛苦、某种狂热,如果不首先使自己要表现的人物活起来的话,那是不会感动我们的,因为一个没有生命的东西——一块石头的快乐或悲哀,

对于我们有什么相干呢?在我们的艺术中,生命的幻想是由于好的塑造和运动得到的。这两种特点就像是一切好作品的血液和呼吸。"

有西方学者论及美术与其他艺术门类的不同特性时称:美术并不像其他艺术门类那样从头至尾掩饰某一事件或者行动,而是将过去与未来聚焦于一点。中国古代著名画家顾恺之,在其画论中论及传神,提出著名的"以形写神"的主张,为"写形最难"的传统观点画上了句号。中国当代著名中国画人物画家马振生主张"以心写神",是当代画家对中国画观点的推动和发展。

著名画家齐白石的"绘画要在似与不似之间"的理论,"大似为媚俗,不似为欺世"的观点与西方的超现实主义绘画理论的"在梦幻与现实之间"不谋

而合。以上诸位大师的言论,使我们对绘画艺术有了更进一步的理解:不同的绘画方式,却可以历练出相同的艺术观点,殊途同归。20世纪初在欧洲形成的现代艺术传入我国才数十年。虽然油画艺术在中国不过百余年,在新疆的历史才五六十年,但发展迅速,如火如荼。

作为当代科技发展成果的电脑绘画,虽然在设计、批量生产等方面,显示其特殊效果的极高速等优异效能,但仍然永远不能替代美术家的地位。

六

要找到正确的创作方法。有些刚开始创作的画家,手握画笔为不知从何下手而发愁,似乎觉得所有题目都已被人画尽,已无什么新鲜题材,感觉自己似乎已经脱离了生活。这是创作过程中的一个误区。我们都生存于客观世

界，不可能脱离现实生活。生活本身既充满极其生动的内容和千变万化的主题，永远不能描绘挖掘穷尽。甚至同样一个题材，也可能通过采用不同的形式和手法画出相应的不同风格的作品。要发挥自我主观能动性。有些人不知道画什么、选什么题材，千方百计、绞尽脑汁寻找别人没有表现过的新题材，认为选题是头等大事，只要题目确定便大功告成，而纠缠于自己不熟悉、不理解或未直接接触过的事物，自寻烦恼，最后劳而无功，一蹶不振。创作并不因选题、确定题目而大功告成。如何在表达时发挥自我主观能动性，如何构思、运用色彩，如何完成作品，预计最终达到怎样的艺术效果等问题最为重要，这才是决定作品命运的关键因素。

要妥善处理创作与基本功的关系。有些人认为应当先掌握基本功，然后才能进行创作，这种看法虽然有道理，但我认为还是应当两条腿走路才好。创作与基本功的关系，创作是目地，基本功是手段，通过基本功这个手段我们达到创作的目的，两者谁也代替

不了谁。强调一方而忽视另一方是不正确的，尤其是通过创作我们将能够获得更加广博知识以及创作经验。

七

美术创作基本上由画家独立的创作劳动而完成。画家的日常写生也具有创作性质。论及究竟画什么，我认为生活中可以入画的题材很多，就看你能否发现，某些人就是不能发现眼前的美。以色彩和质感而论，帝王华丽的宫殿和令人眼花缭乱、闪烁珠光宝气的精美服饰与农夫的茅舍、泥坯屋以及粗布衣衫有着同样的价值美，同样的特色美和风韵美。如同风味各不相同的美味佳肴，如何选择，关系食客的胃口以及喜好。"要欣赏西琳的美丽，还得帕尔哈德的眼睛"。要发现生活中的美，也必须有一双与艺术家相称的慧眼和审美意识。而为了具有敏锐慧眼和审美意识，美术家应当首先具备高等艺术教育水准，以及人生观、哲学理论等较全面的学识修养。只有这样才能从身边最不起眼的事物中发现所需要的美。

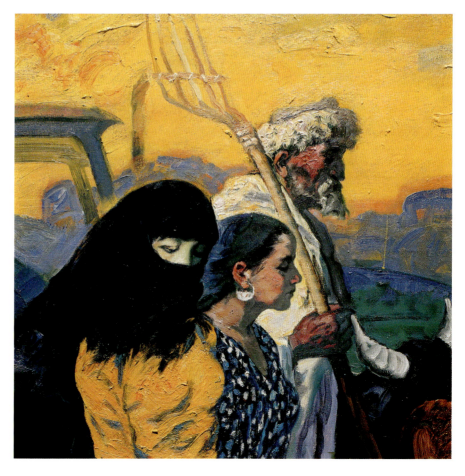

买买提·艾依提 情系故土系列(局部2) 布面油画
2008

买买提·艾依提 情系故土系列(局部1) 布面油画
2008

齐白石所画的螃蟹和花卉，凡高所描绘的向日葵，不就是生活中最平凡的事物么？作品之所以引人入胜在于透过向日葵、螃蟹、花卉，表现了其内涵本质以及精神风貌。从他们所描绘的螃蟹、花卉和向日葵，我们可以看到齐白石和凡高二位画家的独特艺术个性。著名艺术家通过艺术创作得到人民的赞誉，得到社会的认可。

八

美感，与我们平常所讲的"漂亮"是不相同的，"漂亮"着眼于外表形象，"美"则关注由表及里的内在品格。影片《巴黎圣母院》中的人物卡西莫多虽然相貌不仅不漂亮甚至令人恐怖，但他仍符合我们上述"美"的定义。因为从卡西莫多极其鲜明生动的形象中观众感受到了他善良的心地、对爱情忠贞不渝的品格。这些都不能不在观众心目中留下深刻印象。艺术生活中这类例子不胜枚举。

九

色彩是美感表达的重要因素之一。色彩感觉通常是认识客观对象自然之美的基础。但对色彩美感的表达并非孤立，而是多种多样。它绝对与该国家、该民族的哲学思想、道德观念、生存环境、文化传统以及宗教、心理、人生观紧密相关。例如：我国历代以黄色显示帝王将相的尊贵，为宫廷以及寺庙所专用，因而黄色被赋予强烈政治色彩。新疆的

维吾尔族等少数民族则偏爱单纯明朗的颜色，这与他们开朗豪爽的性格，与蓝天白云、沙漠雪山和强烈日光的生存环境有关。他们用红色表达喜悦，用黑色表示哀悼与压抑，用白色体现纯洁和虔诚，如此种种，在我们的社会文化生活中由来已久并持续至今。画家作为一个民族的代言人，他们传达了民族传统艺术中的色彩法则与色彩特性。

十

艺术家唯有深深热爱生活、热爱大自然、热爱人民才能获得丰沛的创作灵感。如果创作一味模仿他人或依靠肤浅信息和惯用材料，作品就会成为平庸之作而不能打动观者。反之，如果把带着

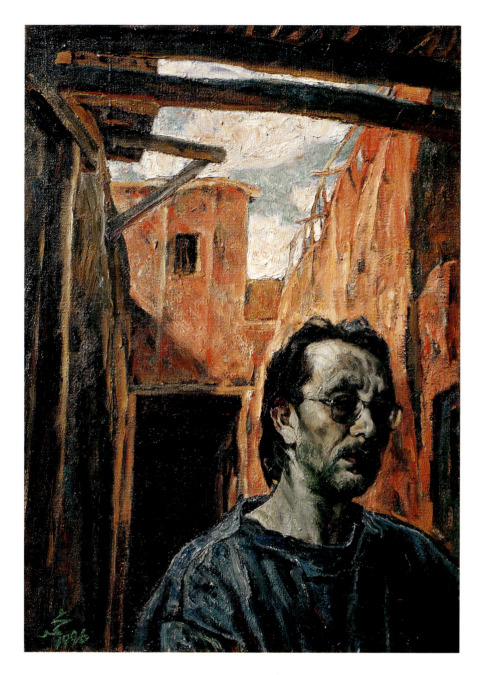

買買提・艾依提 狂热的沙漠 125×135 布面油画 1988

買買提・艾依提 我的胡同 90×65 布面油画 1996

亲身经历、亲身体验、深入理解，发自内心的真情实感和激情，运用灵感带动，就能充分发挥自我主观能动性，表达事物的内在本质，这样的作品必将成为震撼人心、具有强烈感染力的作品。谈到生活与艺术创作的关系，众所周知，生活是艺术创作的源泉，然而生活本身并非艺术。对我而言，生活也仅是我艺术创作的素材和手段，通过手段，展示我的艺术，创作富于生命力、更加高于生活的杰出作品是我的奋斗目标。具体地讲：写实造型和主观色彩是我艺术表达的基调；真挚情感、强烈色彩、俭朴手法和表达自如，是我最大的渴望，也是我绘画艺术的探索方向。

十一

应当以遵循艺术发展规律的态度对待艺术创作，不应当排斥或轻视与自己不同的艺术观点和流派。不同观点和流派越纷繁，对艺术的活力和繁荣发展就会越有益。世界上任何一个国家的艺术、一个民族的艺术，无不反映该国家该民族的生存地域、生产方式、生活习惯的独特性，画家通过该民族的历史文化对其审美心理、审美习惯的产生而影响绘画，并由此形成该民族独特的民族艺术形式和手法。独特的形式和手法，将成为该民族的艺术传统。独具特色的民族艺术，使世界艺术更加千姿百态、异彩纷呈。伴随信息时代的来

临，各国各民族之间的交往日益频繁，同时由于全球经济一体化对文化的影响，各国各民族的文化交流也渐趋同一，并在同一中更加凸现本民族的文化特性。造型艺术自然也不能例外，城市建筑便是最好例证。文化艺术的趋同和凸现，必会给民族艺术带来冲击，因而我们应当对此保持高度关注。

十二

在创作时，不能只停留在事物的表面，更应该用心体会，深入内涵，并用自己的个性语言加以表现，如此才能创作出好的作品。手上的技巧、功夫在与经验的积累，而个人情感的理解和表达则应先于技巧，所以创作时要多动脑筋，用头脑来支配双手。一种绘画风格的形成，是在生活和艺术实践之中逐步确立起来的，掌握一种艺术语言并完善它，是一段艰辛的历程。可惜的是还没有做得好一点，就半途而废或不知道怎样深入下去，功亏一篑。时刻提醒自己，不去迎合世俗趣味、去赶时髦。追求对待生活、对待人生的大气和宽厚，始终保持专业上的艺术个性和锐意进取的气势，是发展、完善自己艺术语言必不可少的因素。创作具有高水准、典型意义的杰出作品，不仅关系到作者的艺术功力、艺术修养和正确的创作方法，也与艺术家的道德观、人生观紧密相关。如果艺术家不具备高尚的道德品质、不坚守艺术家的情操，就不可能创作出能够感染人、教育人的杰出作品。因为作品正如同艺术家其人，蕴含着艺术家的人品、性格、素养，人生观、艺术观、内在感情。每位艺术家都应具备良好的职业道德、社会公德和品质修养，忠于生活，诚恳待人，牢记艺术家所肩负的对社会、对人民的职责。

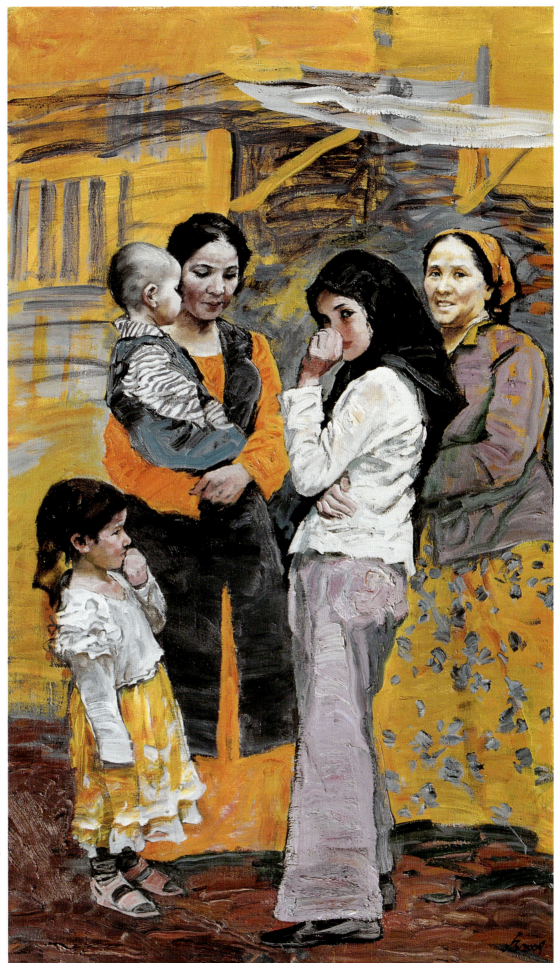

买买提·艾依提 和风 164×94 布面油画 2009

买买提·艾依提 黑裙姑娘 80×80 布面油画 2001

遥念中的喀什噶尔
——买买提·艾依提油画赏记

文/刘曦林

我时时想起喀什噶尔，我在那里生活了十五个年头，在那第二故乡有我的朋友，其中一位叫买买提·艾依提。那时我们还年轻，办公室里桌子靠着桌子，家属院里院墙连着院墙，不知有多少次共醉在木卡姆的歌声之中。我们是同事也是相濡以沫的兄弟。我们一起合作过歌颂红太阳的油画，但也不无艺术的困惑。我们都想成为画家，但屡遭"成名成家"的批评。我们的兴趣曾一度转向摄影，又免不了当摄影家的嫌疑……每当我梦回那边城，就常常从梦中惊醒，梦到过抓饭的香味，也梦到过含着沙子的秋风……

如今，我们都以年过半百，我干起了爬格子的行当，不知是否有缘再当一名画家。买买提可不得了，由新疆画院油画研究室主任调新疆师范大学美术学院任研究生导师，并连续四次当选美协新疆分会副主席。自从我到了北京，他的艺术就像影子一样追到了北京，自第五届至第九届全国美展，全国性的青年美展、油画展都有他的作品，代表作获了奖也放进了国家美术馆的永久库藏，仿佛我们还是形影不离的兄弟。每当看到他的作品，我就为他高兴，就想起那边城，甚至于我们一起画过的那些熟悉的面孔。也免不了想起当年批判"成名成家"的同事们也还有些眼力。

我在新疆的时候，就听说俄罗斯人曾在新疆传授过油画技艺，培养过哈孜·艾买提这一代画家，韩乐然、司徒乔在三四十年代也曾在新疆撒下过艺术的种子。此后，新疆涌现了一代代的油画家，维吾尔族、哈萨克族等各民族画家也仿佛对色彩语言特别敏感，一跃而步入上乘。买买提师承哈孜，后师承全山石，新时期以来，焉然独立，大有"出蓝"之势。他和新疆画友们一起，似乎在一千多年之前石窟艺术的辉煌之后创造着又一个西陲绘画的高峰。

买买提像所有维吾尔族人一样爱玩、会玩，但他却不以玩心视画，他对事业是极投入、极认真、极执著的。他还有个优点是沉稳，不仅对政治风头不敏感，对艺术风头也不热衷。这些年来，艺坛多变的信息对新疆来说也不

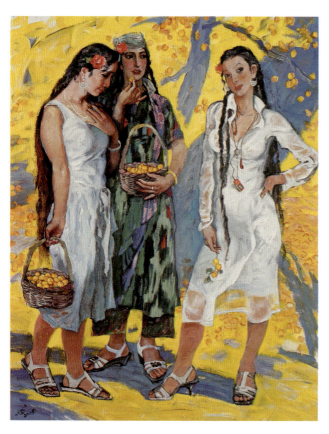

那么封闭，但他仿佛还是他，仍然那么默默地走着写实油画的路，色笔简练奔放了，但造型还是那样的严谨。从人生和思维方式的角度，这些五六十岁的人也还是理想主义的一代，虽然不无坎坷，但对人生、土地、自然、民族、祖国有一颗泯不灭的赤诚的心。在买买提的艺术内涵上，看得出他对父老乡亲的痴情，看得出人生的阳光和生命的活力。当然，他的艺术也在自我的途程上发生着变化，他那些人生的抒情诗不再是我们办报纸时所习惯的政策的图解模式，而多了些对人生的思考关怀和对那些永恒的美的热恋。这位出生在喀什古城的油画家，当然不曾忘怀养育他的父辈和幽深曲折的小巷阁楼，不

曾忘怀那些淳朴的乡风民俗，但他更钟情于那片绿洲上的农民。田野中小憩的《农家》，古树下饱经沧桑的老人（《热土》《岁月》），巴扎上阳光下那些古铜色的面孔（《故土·亲人》），都是他对喀什乡村生活的怀念，也是作为主体的他对土地、对人生的独立思考。伴随着自我意识、个性意识自觉的是艺术意识的觉醒，他那些渐渐纯化了的红色调、黑色调和黄色调的运用，以及色块在艺术构成上的价值的发现，已不再是客体色彩的再现，而是他心中的色彩。当他强化了色调的倾向性和笔触的力度的时候，这是艺术技巧自身趋向成熟之必然，也是他对艺术这个物事、油画这个物事认识的深化，是他对他所热爱的

买买提·艾依提 杏子 145×116 布面油画 2008
买买提·艾依提 鹰曲 110×100 布面油画 2012

买买提·艾依提 塔吉克老人 37×26.5 布面油画
1979

民族、他所热爱的土地、他所感悟到的美和力的认识的深化。比如,被暗红、墨绿衬托出来的仿佛身着金色长衫的几位汉子奏乐的身影(《陶醉》),是歌舞的陶醉,也是情感的陶醉和倾泄吧!

令我感慨的不仅是他的进步,还有他的固守。当许多人玩形式玩到抽象,甚至于干脆把绘画抛弃的时候,他固守着写实油画和现实主义的精神,也因此有了艺术的深入。这深入是并非脸谱化的形象塑造的深入,而是色彩与造型、表象与精神相谐的深入,以及带有表现倾向的主体意识的深入。

轻浮者漂泊在时髦的表层,淳厚者耕耘于内在的深层。近年他时常来京,彼此相视,额头上都增加了些肌理,在聪明、潇洒和自在的表面下他显然更多了些稳重和深沉。我想这一方面烙印着人生的阅历,另一方面也烙印着艺术的阅历。他正处在艺术创作的盛期,他面临着继续升华艺术语言,继续深化艺术内美和文化内涵的严峻课题。他的作品不应该像一般人那样流于阿凡提的故事的层次和市场上的一般需求,而应该更加精到、深沉、浑厚,应该有像《十二木卡姆》套曲那样的力作,不仅

成为维吾尔族的文化精华,也是整个中华民族乃至世界文化的瑰宝而经得起历史的考验。我了解他,他有这个潜力。如今,我们都离开了喀什噶尔,但买买提的艺术母土还在那里,我也常常梦回那片土地。在我遥念中的喀什噶尔可以眺望慕士塔格的雪峰,那冰山之父的乳汁养育了南疆那片绿洲,养育了那里的历史和文化,它那镇守天门般的雄姿又仿佛是宇宙、人生、自然、文化合一的象征,蕴含着无穷大、无穷尽的意味。

买买提·艾依提 故土·亲人 170×170 布面油画 1999

买买提·艾依提 塔吉克族学生 38×46 布面油画 1995

买买提·艾依提 塔吉克牧民 37×26 布面油画 1979

买买提·艾依提艺术简历

买买提·艾依提，维吾尔族，1944年出生于新疆喀什市，1965年毕业于新疆艺术学院美术系。现为新疆师范大学美术学院教授，中国美术家协会会员，新疆美术家协会副主席，新疆美术家协会油画艺术委员会主任。2002年8月赴俄罗斯圣彼得堡等14个城市进行艺术考察。2005年由中国美协派遣，赴法国巴黎国际艺术城进行为期3个月的艺术交流考察活动并举办个人画展。2011年5月，应邀参加中国美协与西安大唐西市组织的"中国著名美术家彩绘丝路万里行写生活动"，赴土耳其、希腊等国家进行艺术交流。1979年起作品连续入选第五、六、七、八、九、十届全国美展，并多次获奖。代表作品《早秋》1981年入选第二届全国青年美展获二等奖；《交谈的老人》1994年入选全国第八届美展优秀作品展；《铁匠》1996年入选中国油画学会首届作品展；《故土·亲人》1999年在第九届全国美展中获铜奖，2000年入选中国油画学会举办的"20世纪"中国油画展；《热土》2003年入选"推手新世纪"第三届中国油画展精选作品展；《胡杨人家》2004年入选第十届全国美展并获优秀作品奖；《六月》《初春》《岁月》被中国美术馆收藏。2011年在中国文联、中国美协等单位主办的"天山南北中国美术作品展"中，《阳光灿烂的日子》等7幅作品作为个案展示。

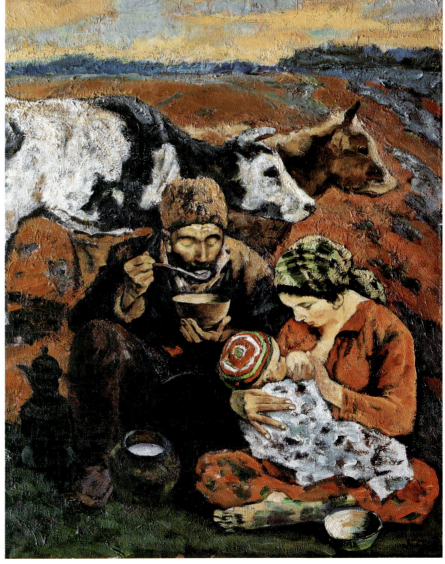

买买提·艾依提 自画像 81×91 布面油画 1998

买买提·艾依提 阿依努尔 58×67 布面油画 1995

买买提·艾依提 农民夫妇 100×81 布面油画 1997

买买提·艾依提 故土·亲人(局部1) 布面油画
1999

买买提·艾依提 于阗农民 38×51 布面油画 1983
买买提·艾依提 人体 73×92 布面油画 2000

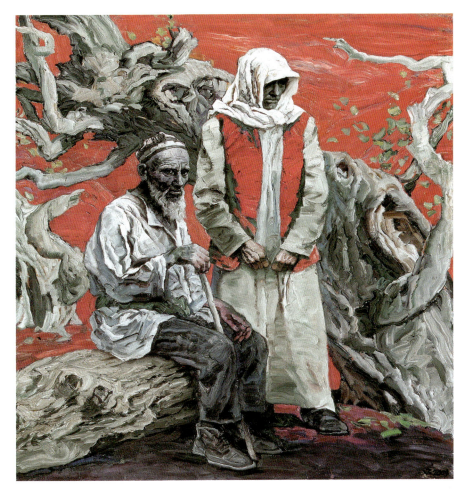

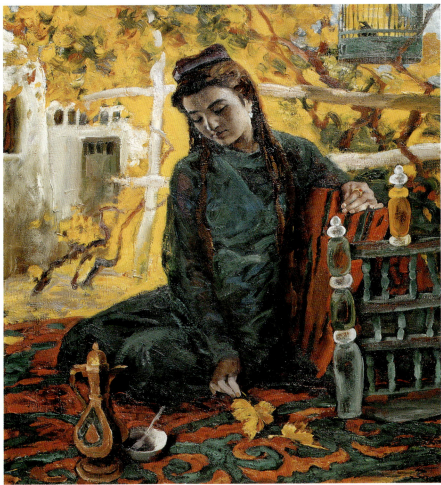

买买提·艾依提 故土·亲人(局部2) 布面油画
1999

买买提·艾依提 老俩口 180×160 布面油画 2009
买买提·艾依提 早秋 98×84 布面油画 1980

买买提・艾依提 乡村巴扎 164×94 布面油画 2011

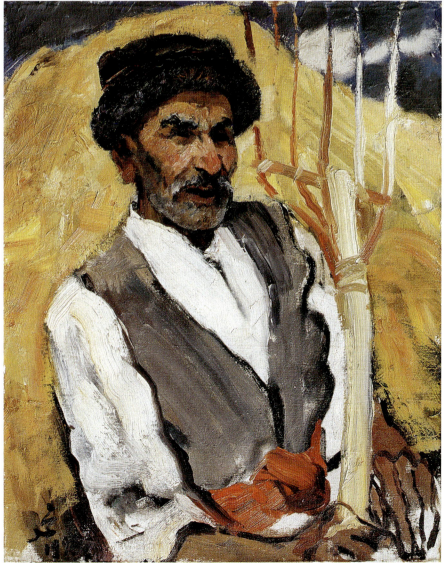

买买提·艾依提 我们 100×120 布面油画 2009
买买提·艾依提 阳光下 65×46 布面油画 1998

买买提·艾依提 人体 81×116 布面油画 2008
买买提·艾依提 人体 81×100 布面油画 2008
买买提·艾依提 母与子 164×94 布面油画 2011

买买提·艾依提 剃头的人 120×100 布面油画 1999
买买提·艾依提 九月的农民 180×150 布面油画 2009

买买提·艾依提 人体 100×73 布面油画 2008

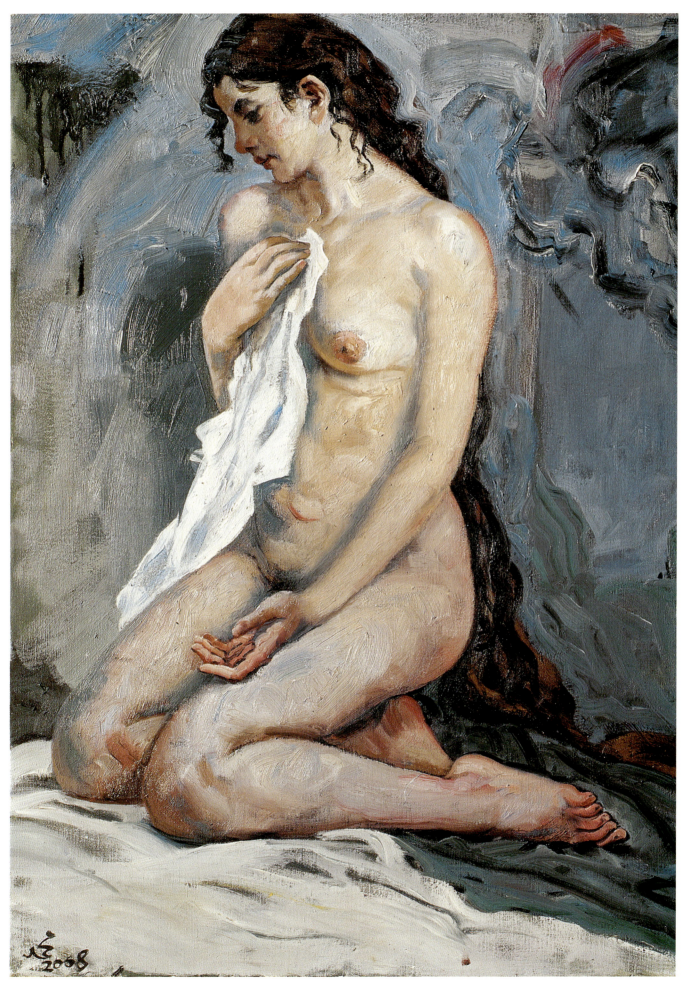

中国名家·具象油画实力人物

袁文彬

【凤池观察】袁文彬先生有敏锐的
艺术洞察力和深厚的画面表现力,人
物、风景、静物三者皆擅,且各有建
树,称得上是年青一代艺术家中的佼
佼者。稍早时候的《麦当劳》系列,艺
术家深刻关切到当下文化,捕捉具有
代表性的片段符号,传输出一段时期
的人文现象并发出积极一面的警示;
之后的《女孩》系列,艺术家又将艺术
的触须深入年青一代的现实生活,借
助她们的肢体和表情,传输现代生活
中她们自我、唯美、脆弱的心理征象。
二者都贴近现实,进入生活并作悉心
提炼和较为客观的刻写。时尚文化和
年轻女孩这两个主题贯穿其大段时期
的创作,文彬一直坚持用写实铺陈真
实同时又兼用表现将受众的视觉和
思考引向表象后的深层,其创作有着
积极的现实意义。应该说文彬善于在
平实的构图中运用其出色的塑型与敷
彩,使画面富有强烈的时尚感与鲜活
的生动性,弹性的用笔和灵动的色彩
让他具象的画面上生成一种新颖的
艺术效果——表现中有古典的幽静,
古典中有意动的表现,因而他的作品
受到许多藏家的喜爱,频频获奖,频
频应邀参与国内外重要展事,声名日
起,荣光积淀,相信文彬将成为更多
人投资下注的选择对象,市场辉煌,
指日可待。

样式不是风格。风格是具有内在的思想和性格的，而样式却是表层的符号化。像毕加索、里希特和基亚这样的顶尖大师，在他们的各个时期都充满了创造性，而二三流的画家却据守在单调的样式中固步自封。就本质而言，样式主义是商业性和投机性的。艺术家无疑必须建立有别于他人的语言风格，但是样式主义的投机心态不能不说是一些当代艺术浅薄乏味的症结所在。

对绘画中的书写性和写意传统的研究一直是我的兴趣。写意决不是浮泛潦草的简单挥扫，或理解为"用油画画国画"。我认为东方文化的精炼与含蓄，胸有成竹的大度与从容，庄禅精神的空灵与淡定，才应该是写意文化有别于西方表现主义的内蕴与品格。

成熟的艺术家的作品都会具有某种"自在性"，这种"自在性"超越了"策略"，是经过了前期的摸索或设计之后，逐渐地使画的风格面貌与人的生命气质成为一体。什么样的人画什么样的画，每个人都会在画中折射出他自己。

艺术也像一棵树一样，离不开文化的根脉，离不开时代的土壤，离不开生活的阳光，离不开环境的风水，离不开自然的雨露。

艺术本来就是心智的游戏，是灵魂的体操。艺术作用于人的心智和精神。在这个意义上，艺术是永恒不变的，变化着的是艺术家和所谓的观念。

当艺术过于追求外在形式的花样翻新之时，也许它正走上歧途，成为"文化进化论"的催生物，成为吃激素长大的"饲料鸡"，而远离了人的心灵和感动，成为一个令人敬而远之的怪物。

艺术在信息时代的飞速发展也许并非是件好事，因为艺术毕竟不同于科学。艺术和哲学一样，哲学在任何时代所面对的都是人的存在和意义这同

袁文彬 立春 65×80 布面油画 2013

一命题，艺术面对的人文关怀和自然关怀也是具有永恒意义的。从这个意义上说，绘画仍然还是最具人性化，最令人亲切的艺术。

在这期间对我影响最大的思想家是罗素，他始终将知识关怀与社会关怀这两个似乎水火不容的极端相融于一身，一反传统文人内敛式的个人趣味。他的自由知识分子的理念，脚踏实地、坚韧渐进的精神对我影响极大。他远离了非此即彼的狭隘思维和浅层造反的浮躁情绪。我喜欢罗素哲学中具有建设性和开放性的品格。

"知识分子"不仅要有知识，而且要富有判断力，知得再多，没有识，仍然不够格。中国传统中多的是仕人腐儒，权贵帮闲，缺少像西方理性独立的知识分子——终极意义上的知识分子。

在民主和宽松的现代社会中，代表理性精神、具有独立思想的知识分子意识的建立是文明进步的体现，是物欲功利无限膨胀的制动器，是肤浅贫乏的对立面，是灵魂需要的不停追问。

我欣赏博伊斯的"大艺术"观念。那种以艺术来启迪人们思想的行为和精神；也怀念鲁迅，怀念爱因斯坦，能够超越学科而上升为思想家和知识分子，能够以博大的心灵穿过知识晦暗的隧洞而直接切入生命进行了望。

在建立人格自觉、学术自觉、思想自觉的知识分子意识前，奢谈策略容易引发投机，奢谈崇高容易误导口号和图解，奢谈前卫容易变得混乱和浮躁，奢谈民族文化又容易画地为牢。精神的独立，睿智和成熟，深入与完整，这些品格的建立显然都不是靠快餐文化可以

解决的问题。当低俗成为这个时代的文化特征，肤浅无聊成为了社会的主流时尚，那我们也有理由要有所警觉了。这不是社会意识形态问题，而是人的生命情态问题。

当代艺术中观念的过度饱胀也令我在一段时期产生了心理上的逆反，我宁愿重新对景写生，重新找回绘画单纯的乐趣，放松身心的在大自然中做个有益身心健康的深呼吸。

艺术是什么？现在要是还有人问我，我会像佛祖一样捻花微笑缄口不语了。（其实是懒得再扯皮了）

如果说十年前的《麦当劳叔叔》系列是自己从现实关注的角度切入，现在的创作更多是从文本资料或信手拈来的杂志图片中找到创作的资源。图像时代的资源应该拿来充分享用。而混搭风

格也正是后现代的重要特征。

在金庸的武侠小说中有一门独门奇世的至高武功叫"吸星大法"，它能在与对手的交战中吸取对方的功力，为我所用，所以能战无不胜。我觉得这种转换、拆解、挪用的"吸星大法"式的思维方法，也正是后现代艺术方法论中常用的策略或"惯用武功"。我喜欢这种具有积极和开放意义的"拿来主义"精神。站在当代的立场，一切为我所用，在学习实践中融会中西方文化的精髓，以背叛的方式继承，培养有创造性的学习和思维方式。

绘画简单直接的朴素感，综合的概括力（不仅是技术）和最具人性化的手工感，是我所迷恋并认为其他门类艺术所无法替代的重要理由。因为材料形式的时髦和新奇并不是一切，艺术中的思想和精神才是最本质最永恒的东西。

但绘画如果还完全以抱残守缺的心态和盲目乐观地据守在原来的小作坊里，那也确实是难有出息了。观念的更新和拓宽在当今社会的各行各业看来都是势在必行的，而绘画圈里象"都是观念惹的祸"这样的嘀咕和埋怨，听起来是不是显得有点太撒娇了？

或许我们习惯了严肃，习惯了仰望，或许我们对艺术的态度太过虔诚，以至于拜倒在它的脚下，甘做前人规范的奴隶和传统愚忠的卫士。岂不知艺术本是心智的游戏！而这种游戏又是欢迎大家平等参与和大胆行动的。因为有太多的条条框框缚住了想象的翅膀，人为地把艺术弄得如此高深莫测，乏味而沉重。怎么还能有游戏状态的松弛？画得太累太紧是中国油画的常见病。我们不妨自问：是你在搞艺术，还是艺术在搞你？！

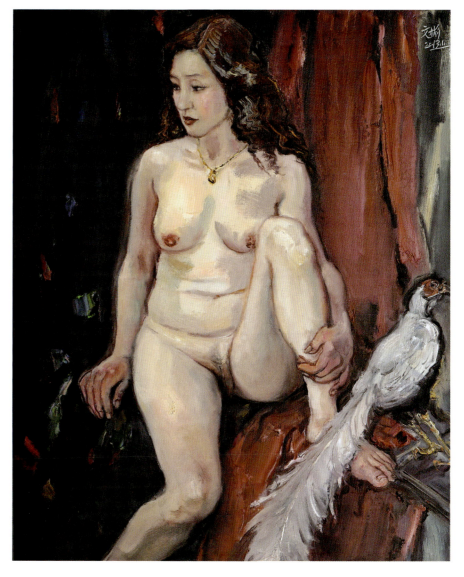

袁文彬 窗前的我和油灯下的家人 135×160 布面油画 1989

袁文彬 女人与锦鸡之二 100×80 布面油画 2013

艺术家应体现自己独立的人格
——袁文彬访谈

时间：2012年3月20日上午12：00
天气：晴朗微风
地点：北京·宋庄画室

王晶：您创作了《麦当劳叔叔》《复式经典》《新天堂》《虐兔门》《失眠夜》这么多系列的作品，能不能就您的艺术创作和学术研究谈一些体会？

袁文彬：我的艺术创作和自己的生活与思考息息相关。用绘画关注社会现实中人的精神问题，或把经典形象与现实人物进行超越时空的错位重构是我常用的艺术手法。我迷恋于各种文化碰撞关联之后产生的火花和新意。于传统经典和当代文化中再生涟漪，种种声音震荡回传，最后总会以某种方式形成潮流和反响。这当中有好的也有不好的，我以艺术的方式揭示和演绎它们的个中含义和穿行路径，着眼于自己的感受和思考。

油画创作也经历了几个发展阶段，即新写实、新表现和观念绘画等时期。

美院教师和艺术家的双重身份令我处在教学和工作室创作两种不同频率交织的状态，可说自己是游离于体制内外的画家。我小时候学过国画，涉猎多种传统绘画风格的经历使我的作品自然地融合着古典情调和现代气息。

艺术家生活在当代，用绘画语言来表达自己对社会、人文、历史、文化的诸多关注，并保持独特的意志与判断。艺术并非新闻评论，也非实用性的政治工具，它只是艺术家通过作品表达

个人对当下社会文化事件的关注与透视。艺术功能有限，它解决不了社会现实问题。于我而言，绘画不仅是职业，更应该是自己精神和思想的载体，体现自己独立的人格。我比较认可有独立精神和独特视角的艺术家。

王晶： 动静鲜明的双重步调是您目前的状态，双重角色的感受与诠释您都恰如其分。在作品中透着思考的力度与深度，折射出您的视线所及。观念性的对话和艺术创作是在复杂和巨大的文化空间中穿梭、重组和变幻，您试图经过理性、深度的解剖来拿捏现行的文化秉性，以此来引发思考和讨论，兑现艺术家的社会责任感、对现实的关心和对传统经典文化的传承。当代文化

艺术多元，作品类型、题材、表达五花八门，我们该怎样解读和判断，有制定统一评判标准的可能性吗？

袁文彬： 我不太认可完全颠覆传统的东西，统一标准也是并不可行的。我对"彻底""革命"之类的东西越发怀疑，历史断裂的代价是惨痛的，文化应该可以在多元中发展与改良。

我自己的创作风格就很多样。艺术视野和创作不能狭隘，现实打动我的或者自己感兴趣的都可能成为下一个创作的主题。有些画家一辈子只画单一题材和风格，也有些一生风格多变。我的几个系列从《麦当劳叔叔》《复式经典》到《虐兔门》，不同时期不同题材的作品反映的其实都是我对人的精

神状态和当代文化问题的思考，当然切入的角度深度跟自身修养相关。

各类题材、类型的艺术作品反映的是画家持守的艺术观点和精神信念。各类艺术都滋生于不同的地域环境、文化信仰，有着各自的精彩。"我尊重对方的文化，但我永远不会忘记自己的母语"（导演李安）。艺术家们每时每刻都在找寻具有现代精神特征和语言功能的表达方式，借以传递自我独立的人文信念。

王晶：辛卯一年您经历的艺术事件，哪些比较有感触？

袁文彬：辛卯年我创作了《虐兔门》系列，并由此画了一系列延伸作品。山东电视台《大家名家》栏目曾作专题报道。"虐兔门"事件引发的是我对当下人精神状况的反思。物欲追求的无限膨胀是否必然伴随精神世界的坍塌效应？我们正处在这样一个尴尬且复杂的历史阶段。百年动荡，传承至今的精神和文化体系早已断代裂缺，残破不全，难以贯通。文化传承成了一项艰难的断代工程。精神、道德、信仰和价值观的危机已不容小觑。现在是一个经济高速发展，也是一个道德缺失、混乱的时期。并且文化正走向多元，当代文化和商业经济的冲击正挑战着传统文化和道德的底线。或者可以说文化信仰的缺失造就了中国现在独特的社会状况。这个时代的人的心态普遍是那么的焦躁，那么的浮乏。

王晶：它浓缩了一个时代的表情，这是一种集体焦虑，并且这种中国式焦虑已呈蔓延之势，您对此又将给出何种界定和解释？

袁文彬：社会太功利，人若以私利为终极目的，只要有利益需求，一切都没有底线，这很可怕！"虐兔门"可能是个别的事件，为了迎合某些变态的商业需求，青春靓丽的女大学生脑残似的干着冷血残忍的虐兔虐猫行为而毫无愧色。这事件其实折射的是当下社会道德感的严重缺失。我无意于道德说教，我以别人认为根本不入画的东西为创作题材画了这组画，以艺术的方式警示这个问题，虽然有点沉重、血腥和暴力！此系列创作后又以虎兔为题作了一些延伸。如《兔女郎》和《虎兔演义》。老虎跟兔子暗喻强大和弱小两种势力的博弈、周旋。我把兔子变成一个具有智慧的驯兽师，老虎仍旧是危险凶狠的角色。画面的角色暗喻了当下的国际政治关系中的博弈，作品寓意晦涩，

不那么一目了然，但会让你停下来思考。快餐时代，许多人对需要想一想的东西往往没兴趣，但看我作品的时候往往需要想一想。

王晶：您认为什么是真正的艺术家，什么样的艺术品才是真正的艺术品？

袁文彬：一个真正的艺术家要有敏锐的感觉和高超独特的艺术技艺，能创造出丰富而有精神价值的艺术作品，重要的是作品中能有精神的灌注和感觉的渗透。否则就像个平庸的画匠或商人一样炮制商品、追逐潮流。艺术市场追风逐利，很多人什么好卖画什么，那里肯定没有艺术。艺术也还有休闲的艺术和严肃的艺术之分，它们的功能不同也各有千秋。和大多数人一样我也喜欢马蒂斯式的"安乐椅"艺术，它能让

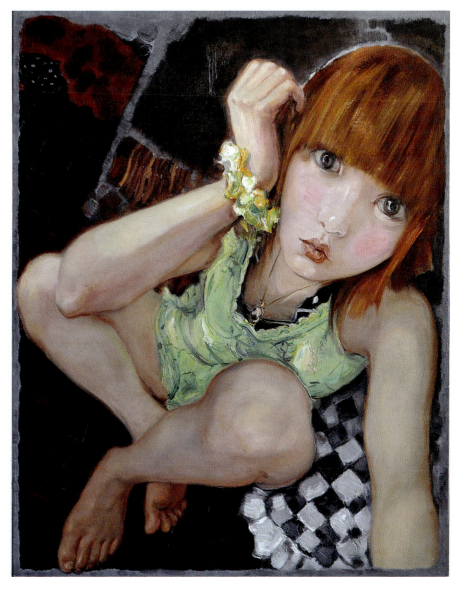

袁文彬 麦当劳叔叔之八 150×150 布面油画 1997
袁文彬 玩自拍的女孩4 100×80 布面油画 2012

我们在艺术中找到放松和慰藉。我每年都会出去画画风景作为调节,在大自然中畅游神思放松自己。

王晶:因为目前我们是处在一个经济迅速发展的历史阶段,经过20世纪的跌荡岁月,相较于文化方面,人们更急于在经济上证明自己。那么处在这一特殊时期,您认为该怎样去比较和认识中西方绘画和文化间的差异?

袁文彬:我自己的创作就一直注重中西文化元素的结合。《复式经典》系列就是用自己的方式演绎西方经典。我们的成长背景是中西方文化混杂的时代,我画的是自己的解读,也是当代艺术中挪用的观念重组。一些作品暗含我对中国后殖民时期集体意识形态盲从外来权威的暗讽,同时传达出对于传统文化价值失落的感叹!我们不能完全陷入传统,传统需要推陈出新,需要新鲜血液,真实鲜活的体验是艺术创作的源泉。

中西绘画观念有差异有交融,西方文艺复兴时期艺术建立了科学、理性、严谨的写实传统,我们传统的文化则是一种心性的、写意的、抽象的人格化体现。它们如此不同,但到近代其实已有所交融了。印象派后出现莫奈、马蒂斯、梵高,他们在东方文化里吸收了很多,像中国传统绘画用线造型和散点透视,日本的浮世绘等,对他们而言这是一种非常新奇的、打破观念的东西。我们也是在对西方先进文化进行了百年的学习之后更加注重对自我价值的肯定。

王晶:文化发展到后期很难泾渭分明,他山之石可以攻玉,不会固守在原有模式里一成不变。西方艺术求新裂变的过程尤其剧烈,迫不及待地颠覆旧有观念以免作茧自缚。试问中国传统绘画理论在强调许多既成的概念性命题的同时,也拒绝了其他一切可能的假设,长此以往难免固步自封?文化艺术需要传承,但规矩同时也限制束缚了某些创造性的萌芽。

袁文彬:对。一种文化高度成熟后

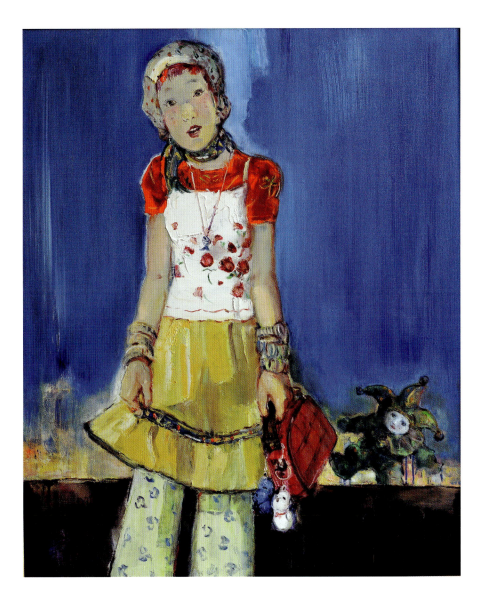

到后期也会丧失活力，创造力不复存在。创新是艺术的基本要求，对大一统我始终保持警惕和怀疑，甚至有意识地疏离。标准规范大一统到最后都是要消灭个性，背离艺术的。它跟艺术创造也不是太有关系，艺术被当成一个工具，一种手段。

王晶： 西方知识分子的一些理念我很认可，他们是独立正直的社会力量，拥有远离功利得失的骑士精神，有高贵而虔诚的信仰，崇尚思想的自由却又能有社会公义的担当，充当着不公社会的"牛虻"，发人深省，是其重要美德。您在很早以前就写过一篇文章叫《当代艺术中的知识分子命题》是写在画《麦当劳叔叔系列》的时候。那现在您关于知识分子的命题观点有变化吗？

袁文彬：《当代艺术中的知识分子命题》的提出时间是在20世纪90年代中期，当时的泼皮文化大行其道。由于历史和文化的原因，中国长期以来缺少独立、理性的知识分子阶层，多的是工具知识分子即为政局或某些社会阶层服务的角色。在思想境界上俨然区别于独立、理性的西方知识分子，像福柯，沙特、罗素这样的人。中国的社会土壤盛产太多的是仕人腐儒和权贵帮闲，考上秀才举人盼的是升官发财或迂腐研究学问却有知无识。当然我们也有屈原，却总是不合时宜下场往往很悲剧。伴随出现的另一个极端是消解崇高泼皮无聊文化的盛行，但长此以往也很可怕，我们将面对的是精神和信仰的废墟。这种现象至今不是已经很严重了吗？

在功利的社会，独立、公正、理性和诚实这些东西和赚钱无关也并不讨

喜,但公共知识分子是社会功利、浮躁的制衡器,简单地说他们是保有社会良知的一类人,会及时警醒社会出现什么问题,当代文明社会需要这样的守望者。

为什么我们会怀念鲁迅?鲁迅是一个非常深刻非常硬骨头的人,有知有识。说他是社会脊梁是准确的,现在少有人担得起这个称谓。20世纪30年代的中国社会,语境宽松,出了一批文人很有独到见解和立场,那个动乱年代却是一个历史上难得的文化繁荣时期。我作为一个画家,能力有限,但我很敬佩鲁迅这样的人。

王晶: 今年有什么计划?

袁文彬: 今年没什么展览计划,不凑热闹,还是想潜下心来画自己的画,我不着急。刚应邀参加几个写生活动,六月底去法国等欧洲国家写生考察40天,同行的都是国内几大美院的名家教授。和大家在一起外出画画,非常的单纯愉快,那种心态就像在外面钓鱼,悠然于自然山水之间,这是我很放松的一种状态。回到工作室后状态就很不一样,我可能会思考一些问题,有另外一面的作品出来。我不是一个追求固定样式的画家,所以这些东西会在我身上长期并存下去,我相信随着年龄、经验的增长也会结合得越来越好,艺术面貌也会越来越个人化、越来越成熟。

袁文彬 冬 80×60 布面油画 2013

袁文彬 宁静的布鲁日 65×81 布面油画 2012

袁文彬,1968年出生于福建上杭县,1988年毕业于福建师范大学美术系并留校任教,1991年参加鲁迅美院法国专家克劳德依维尔油画技法研究班,1994-1996年毕业于中央美术学院油画系第八届助教,2007-2008年中央美院油画系访问学者,现为天津美院油画系副教授、二画室主任、中国美术家协会会员.

个展:

1994 袁文彬油画作品展(香港视觉艺术中心);

1997 都市人格—袁文彬作品展(福建省画院);

2007 复式经典—袁文彬作品展(北京798圣东方艺术画廊);

2008 五夸克—袁文彬作品展(上海多伦美术馆).

主要参展及获奖:

1989 福建省青年美展优秀奖(福建省博物馆);

1994 第二届中国油画展(中国美术馆),第八届全国美术作品展(福建省画院),中国美术作品展(秘鲁国家博物馆);

1995 第三届中国油画年展(中国美术馆);

1996 中国油画肖像艺术百年展(中国美术馆),现实:今天与明天—96中国当代艺术展(北京国际艺苑);

1996 鲁艺杯96全国高等师范院校美术专业教师作品大奖赛获金奖;

1997 获97福建省油画大展十佳作品奖(福州画院),97中国艺术大展当代油画艺术展(刘海粟美术馆);

1999 中日当代艺术交流展(日本名古屋);

2000 福建当代书画作品进京展(中国美术馆);

2001 研究与超越—中国小幅油画作品大展(中国美术馆),同异性描述—福建当代艺术展(福建省画院);

2002 德国普法尔兹州国际艺术博览会(德国美茵兹),中国油画家四人作品联展(德国美茵兹),经验与差异—福建当代艺术邀请展(福州画院);

2003 携手新世纪—第三届中国油画展精选作品展(中国美术馆);

2004 中国西部大地情全国山水风景画作品展优秀奖(南宁美术馆);

2005 自然与人—第二届当代中国山水画油画风景展(中国美术馆),学院变异-青年艺术家提名展(上海油雕院);

2006 中国当代艺术文献展(北京世纪坛艺术馆),中日法艺术交流展(天津美术馆),天津市首届油画双年展并获学术奖(天津美术馆);

2007 融合与创造—当代油画名家邀请展(北京博物馆),中国当代艺术文献展(北京世纪坛艺术馆);

2008 奥林匹克美术大会(北京工人体育馆),东方之光—中韩油画名家交流展(韩国首尔美术馆),记录历史—中国美术家代表作品展(北京世纪坛艺术馆);

2009 中国情境—当代艺术大展(重庆501当代美术馆),道同形异-天津美术学院教师作品展(中国美术馆),叙事中国—第四届成都双年展(成都现代艺术馆),中国当代油画香港学术邀请展(香港展览中心),正午时分·六人画展(北京时代美术馆);

2010 非常印象—中国后生代油画家提名展(今日美术馆),印·迹—当代艺术家联展(北京时代美术馆),第25届亚洲艺术展(蒙古乌兰巴托国家美术馆),第三届天津油画双年展并获银奖(天津美术馆);

2011 艺术家眼中的中国(深圳关山月美术馆),经典与传承—中国油画双年展并获乌克兰大使奖(北京乌克兰大使馆),东方之光—中韩油画名家交流展(黄山市美术馆);

2012 东方—达沃斯论坛天津著名艺术家作品展(天津梅江会展中心);

2013 再写生,共写意—中国油画名家写生研究展(中国美术馆),交互视像—2013海峡两岸当代艺术展(国立台湾美术馆,中国美术馆).

公共收藏:

中国美术馆、国际奥林匹克委员会、上海多伦美术馆、北京时代美术馆、上海油雕院、天津美术馆、哈尔滨当代艺术馆、秘鲁国家博物馆、比利时矽比科美术馆.

出版:

2009 湖南美术出版社大型文献画册《袁文彬》;

2011　中国文史出版社《中国美术大事记·2010袁文彬艺术创作状态》；

2010　中国文史出版社《中国美术大事记·2009袁文彬艺术创作状态》；

2009　中国文史出版社《中国美术大事记·2008袁文彬艺术创作状态》；

2007　中国工人出版社《中国油画名家—袁文彬》；

2006　四川美术出版社《画库—中国油画名家袁文彬》；

2005　长城出版社《中国美术名家研究—袁文彬》。

袁文彬 接吻大赛之一 60×80 布面油画 2011

袁文彬 少年与竹 190×100 布面油画 2004

念表达的互文性的把捉。综而观之，袁文彬的绘画体现了当代学院艺术家对学院化技艺的切入观念陈述，尤其是对当下生存语境的切入的责任的自觉承载，表现了年青一代艺术家良好的知识分子的智性品质。

高岭：袁文彬从大众流行文化的包围中疏离出来，从饱和化的艺术语言风格的固步中疏离出来，形成了一种揭示当下流行式消费文化的行之有效的话语方式。他以他的行为方式和艺术方式，证明了我们这个时代是一个单个的个体的艺术家保持知识分子的品性，适时发出自己声音的时代。

林公翔：文彬一直以知识分子的独立身份，关注和反思中国社会变化的意味和问题，从《麦当劳叔叔系列》到他

的《复式经典》系列，对当代文化情境的感性把握和现实关注，他都能从文化批判的角度，以形象的奇异组合和意义的互相生发，对其意识形态及后面的动机给以深刻的解读。他以独特的绘画方式提示着流行与经典、时尚与传统、世俗与信仰在我们时代中的矛盾与交融。如果说蕴含着对历史和现实的启示性思索是评价艺术的重要标准，那么文彬显然是中国当代架上绘画值得关注的一位。

苗凤池：年轻画家袁文彬以油画的形式给众生造像的意义不仅是完善他作为学院派艺术家对学院技艺的陈述理解，更在于他作为一个知识分子对当下社会形态剖析的文化内省与判断，而且画家的画面语言也经营得相当

精彩：第一，以率真打破程式，以性情回避制作，尽可能彰显绘画的本质。细微处精简而留神，块面上浓缩而提炼，铺写概括相得益彰，生趣在目，意趣在心，显然是一番才情所致；第二，大胆融合东西方文化气息，冲破地域差别的审美结构，以人文化的态度选择所表达的符号元素，以"小人物"反映大主题，作品带着强烈的叙事色彩也隐含着某种象征意味。在70前后生人的年轻画家中，袁文彬是很有思考深度和表现力度的一位。

刘心亮：在艺术多元、张扬个性的当代油画界袁文彬的绘画有着自己鲜明而又强烈的视角主题。文质彬彬，思维敏捷，人都说"画如其人"，文彬如是。我从文彬的画中读出了他的锐气和

文气，坚毅与敏捷，强烈的艺术个性和深厚的文化底蕴。文彬的油画有着自己独特的语言风格，有他自己对当代社会与人生、生活与艺术的思考与解读方式，他的这种方式依赖于他深厚的绘画写实功力和深刻的文化思考。

王辉：文彬在肖像画的框架上巧妙地融入自己的思想和观念，原本扎实的油画造型功底融进了灵动而有激情的笔意之中，显得十分生动精彩。人物写意系列的反复出现，表明文彬在艺术语言和艺术母题的选择上，似乎有了更为肯定的思考。对"写意"的肯定和选择在《七贤图》《失眠夜》系列中已有浑然一体之妙，畅神贯气而没有犹豫和勉强。重要的是文彬的画有味道。有味，也许就独特，就有个性魅力。

罗西：文彬的作品里不时散发着类似"文人画"的气息，这也许与他早年诗歌情结有关，诗人的"尾巴"，在他的画布上，偶尔也会小露一下。画家的人文素养、文学气质，在创作中，绝对可以起到如虎添翼的作用。古典诗意也好，现代荒诞也罢，我看见文彬丰富自由的文学内修与天赋。所以他的画作带给我们视觉冲击同时，一定会"派送"一些不同的思考、回味，因为他的画是可以阅读的。

王琨：冷眼看文彬，这老弟聪明，它不仅是一好玩的哥们，还是一好的同道。他常常以知识分子的眼光审视眼前的事物，用画笔表现自己的思想与感受，并写文章阐述自己的观点与见解，条理清晰，有理有据，且极有文采，这在同行中实不多见。在美术教学中他也有很多自己的思考和独到方法，并教出很多不错的学生，这点也让我敬重和佩服。文彬敏感，善于发现别人的优点，随时调整自己的不足，不固执，不保守，善于举一反三，专攻自己的弱项，常常在很短的时间取得意外效果，常让同行刮目相看。从他作品宽泛的题材中，可以看出他的所思所想。他的苦苦求索。性格开朗活泼也喜欢找乐的他，背后是严肃地思索与探求，这从他平时的眼神中便能看出一些端倪。这哥们决不是等闲之辈，不信，走着瞧。

袁文彬 红帽子 80×100 布面油画 2013
袁文彬 布鲁日教堂之二 80×80 布面油画 2012

袁文彬 红围巾 80×60 布面油画 2013

袁文彬 婷薇 80×100 布面油画 2013

袁文彬 菁菁 65×50 布面油画 1995

袁文彬 红衣女孩 100×80 布面油画 2013

袁文彬 黑丝袜 80×100 布面油画 2013

袁文彬 女人与鹰之五 100×80 布面油画 2013

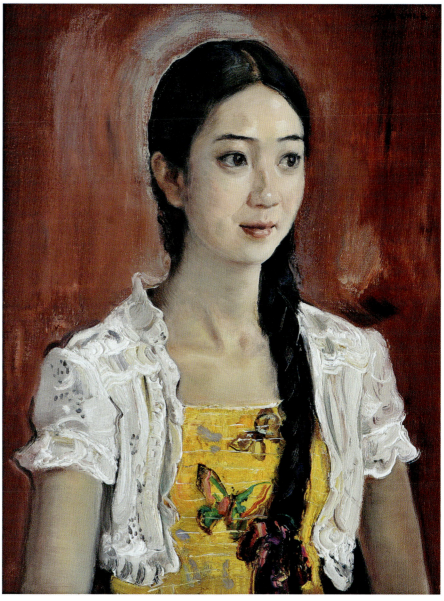

袁文彬 春欣 80×60 布面油画 2013

袁文彬 女人与鹰之四 80×100 布面油画 2013
袁文彬 长辫子 80×60 布面油画 2011

袁文彬 拙政园秋意 65×80 布面油画 2012

袁文彬 网师园 80×100 布面油画 2012

袁文彬 山村公路 80×100 布面油画 2013

袁文彬 园园 65×80 布面油画 2012

袁文彬 拙政园之二 65×80 布面油画 2012

袁文彬 武夷山庄之一 布面油画 2012

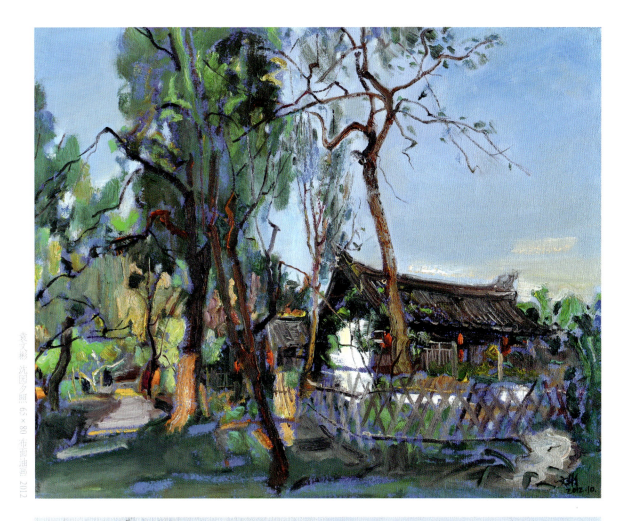

　袁文彬　沈园夕照　65×80　布面油画　2012

袁文彬　快活林　65×80　布面油画　2013

袁文彬 虎丘 89×65 布面油画 2012

袁文彬 后沟村 65×80 布面油画 2009
袁文彬 三游洞小雨 60×80 布面油画 2011
袁文彬 拙政园之一 80×100 布面油画 2012

赵梦歌

【凤池观察】专业机构的展事、慈善单位的活动、中央电视台的名家专访、拍卖公司的拍卖都有梦歌的身影，近年梦歌可谓处处丰姿风头正劲。而她的线性美女也随着与大众频频的面对面而逐步走入人心，名主持张越说"你很有个人风格"，诚然在这个符号满天飞的目下，一个艺术家的个人风格实在太重要了，更何况梦歌是很有个人风格。特别是她在传统水墨里汲取的丰厚养分而形成的这种既带有东方审美意趣又具有中国古典色彩的画面，更容易让人们接近。梦歌的作品为越来越多人看好，梦歌的市场也会为这越来越多人看好而大有突破，相信新一轮高点就在眼前。

古典情结与诗意情怀

——赵梦歌的画

文/贾方舟

赵梦歌的画使我想到我曾经策划过的一个名为"越界"的展览。所谓"越界"是指当下艺术中出现的一个值得关注的现象：一些艺术家不再坚守画种的"纯洁性"而出现的一种越出画种边界的状态，也即画种间相借鉴互融合的状况。事实上，"融合"已成为一个时代的普遍特征。如果我们将中国20世纪的艺术与以往任何一个时代的艺术相比，就不难发现"融合"是20世纪以来中国艺术最显著的特征。20世纪以前，中国的画家是在一个相对封闭的时空中生存。他们的思维是承传式的，单向度的，没有那么多的艺术样式作为参照，也不需要参照。而在新的世纪就不同了，文化环境发生了巨大变化，不仅传统艺术发生了变化，由西方移植来的油画也不再是原汁原味了。也因为如此，真正能够代表新世纪的艺术家，也必然是那些在越界与融合中富有成果、富有建树的艺术家。西学归来的徐悲

鸿、林凤眠等先辈艺术家都是如此。这些艺术家因受到异质文化的熏陶，从而能将一些新观念、新手法融入到传统艺术中来，避免了在旧有的规范中陈陈相因。同时又通过对传统艺术的汲取影响其油画的艺术取向。

赵梦歌就是跨越在两个领域之间工作的一位艺术家，在画种与画种之间的"边缘"地带寻找一块兼容的"飞地"，在"此地"与"彼地"的"临界点"上展开她的主题。但赵梦歌并没有越过自己所从事的画种边界，直接走向另一个领域，她只是在画种自身材料的限定之中寻找自身以外的东西。她虽然没有放弃油画既有的媒介，但却利用这一媒介改变了它的原有趣味，借以传达她的古典情结和诗意情怀。她很像是"身在曹营心在汉"关羽，身没有离开画布，心却远走高飞。她试图在油画中寻求的并不是油画自身的价值，而是油画可能承载的另外一种价值，她想为油画这一

赵梦歌 蕉音图 60×80 布面油画 2012

载体找到一些新的可能性，而这种新的可能正是来自于传统精神和传统审美趣味。

赵梦歌的油画第一眼看上去很容易让人们误认为是水墨画，或许这正是她所寻求的艺术目标，她要寻求一种水墨趣味的想法是清晰的。她在画面上用

了大量的"墨色"，并用勾勒的手法以线造型，这些做法都在试图引导人们回归到水墨的经验之中。但她的艺术真正接近传统的还不是简单的外在的形式和风格特征，而是她内心所渴望的一种亲近自然的诗意情怀。赵梦歌的绘画主题基本可以概括为"自然与人"。人作为

自然的一部分（剥去服装的裸体可视为无法识别社会身份的"自然人"）理应融入自然，与自然和谐相处。所以她笔下的人除了与自然所构成的一种"亲和关系"，没有任何实质性的举动，她画的场景大多不是具有真实情节的场景，人与人之间也不存在任何差异，她们一

律地体态丰韵、肌肤白皙、举止优雅、慵懒、闲适而性感，她们只是作为一种精神符号而存在。特别是，她们时而作为主体呈现在自然的背景之中，时而又被"虚化"为类似水墨画的"空白"，像似背景一般衬托着作为主体的自然。在赵梦歌的作品中，人与自然的这种不知谁是主体、谁是陪衬的关系，才是一种真正的"天人合一"的境界。

赵梦歌不只借助她的作品表达她的人生理想，也借助作品表达她内心经验到的种种迷茫、伤痛、困惑和不安。那些赤裸的女子，也可视为她自己的精神写照。在不尽如人意的生活中跌跌撞撞一路走来，经历了现实的冷酷，事

业的艰辛，个人情感生活的多磨……所有这些心路历程都化解在她的艺术创造之中。她在艺术与生活之间自由地出入、转换，以致在它们之间不再有中介："艺术被生活着，生活被艺术着"。

她说："没有柔弱，也不必坚强！"这是一种何等强大的韧性啊！而这种韧性正是艺术所给予的。只有艺术能使她的心灵平伏安宁，只有艺术能使她摆脱现实的种种纠结。艺术成为她自我疗伤的场所，艺术使她能够在一种冥想的诗意境界中平静地看待人生，艺术使她的精神得以升华。

赵梦歌 起舞 93×80 布面油画 2012

赵梦歌 折枝图 140×100 布面油画 2011

张越与赵梦歌的对话
——赵梦歌访谈

张越(中央电视台著名主持人)
赵梦歌(艺术家)
地点:赵梦歌北京工作室
时间:2012.7.11

张:你的家庭背景、童年跟你的画画有什么关系吗?

赵:特别大的关系,童年是我最最美好的回忆!在农村、在大自然里,每天玩的都是很土的玩具,玩纸叠的飞机、面包、割草喂牲口,在河里玩水、抓鱼、刨红薯,爬树摘杏儿什么的,我就是那种纯大自然的很野的野孩子,成天和男孩儿一起玩,无忧无虑的!非常快乐!

张:你生活很有野趣啊!但那时候谈不上艺术教育吧?

赵:嗯,完全很懵懂的!

张:画吗?你小时候?

赵:画,在书本上乱画,画老师同学,画河南戏里的花木兰啊,穆桂英啊就这些东西。

张：虽然是农村的孩子，但好像你父母是乡村教师吧？

赵：我妈是民办教师，语文数学啊什么都教，我们兄妹四个就从小跟着我妈在学校玩。我爸在县里工作，是统计员，所以给我们创造的学习条件在村里还是最好的！

张：小孩儿爱乱画的其实很多，但真的可以画的不太多，你是怎么被大家觉得你擅长画画？还是自己有这个主动地要求：我要画画！

赵：就是喜欢！我二姐觉得我这么喜欢画，就通过她的老师认识了我们县文化馆馆长，馆长看了我乱画的觉得挺有天分的，就让我过去学，也不收学费。

张：都画什么？学素描吗？

赵：参加过文化馆办的暑期班，开始画正规素描，几何形体。我记得当时有件事很有意思，有一天几个大哥哥样的人到班里，看我画的最好，其中一位就问我：将来想考什么学校？我就不假思索地说：中央美院！那位差点没笑坐地上，指着他身边的一位长发艺术青年说：你知道他吗？都考了六年中央美院了，连准考证都没拿到过！不过我后来用事实证明了我并不是做梦！

张：哈哈，那么小就语出惊人！这么说你的启蒙老师是县文化馆馆长？

赵：对！

张：你家长支持你吗？你父亲特别

支持你画画？

赵：他非常支持！没有任何重男轻女什么的，只要孩子喜欢，不管她将来能不能干这个，有没有出息，他什么都不考虑，只管支持！

张：你喜欢，就支持你！

赵：我记得有一件事，特别逗！因为学画画都画石膏像么，我就让我爸给我找个石膏像画，你猜我爸给我找了个什么？他给我找了一个毛主席像，就那种陶瓷的，很早的那种！

张：哈哈…哈哈…你别说在农村的一个家长，你让他找石膏像，他上哪给你找去啊？第一，你爸真爱孩子，第二，你爸政治觉悟真不太高，他敢拿毛主席像让你去画！哈哈…后来谁告诉你可以考中央美院附中的？

赵：我后来又去了河南大学美术系考前班学画，也是馆长介绍去的。当时一位任课老师告诉我你年龄这么小，可以考考中央美院附中，还有几个男孩也要考的，我就和他们一起跟一个广美毕业的老师学画头像，轮流做模特儿！我临阵磨枪就花了十五天的头像写生，最

后还就我一个人考上了！

张：美院附中是很难考的，你这一个农村小孩儿，就突击了十五天头像就能考上？

赵：之前只画过石膏像、水粉静物，头像确实只画过十几天，我记得考试时别的考生都用铅笔画，就我用炭精条画，对比非常强烈！后来听附中老师说，当是招你就是因为你头像画的太好了！

张：那是第一次来北京吗？

赵：是，我爸带我考完初试我们就去长城玩了，我爸说怕我考不上以后没

机会再来了，没想到初试过了，他就把我交待给中央工艺的一个老乡，就回去上班了。我记得当时我和我爸就住在光华路的一个地下旅馆，我爸让我住条件稍好的上下铺房间里，他就住外面过道的加床，加床就折叠床这么窄，很潮很潮的！

张：上附中这几年收获大吗？

赵：太大了，不是传说附中是美术界的西点军校吗！实在是太严了！文化课专业课有一门不及格这学期就得走人，就是硬指标！

张：我好朋友的孩子就是从附中被开除的！

赵：真的？

张：真的！愉快吗？附中几年？

赵：非常充实愉快！大家一起住校，朝夕相处，打打闹闹，太有趣了！

张：看你画册上那时的作品已经有很强烈的个人风格了，还学西方现代艺术的一些风格！

赵：在附中时我就特别喜欢油画，喜欢那种特别强烈的东西，特别凝重的感觉！

张：色彩强烈，而且还挺愿意表现个沧桑感和岁月感的！

赵：是的，我记得那时候最喜欢画社会底层的老头老太太！

张：你画你自己都画成一个老太太，《当我年老》那张油画！

张：做过艺术品推销！

赵：为了生活吧，不可能白吃白喝，我们当时搬到朋友院子里，一帮人住一个院子，都是比较拮据的艺术家。我卖了东西，就买些菜啊粮食啊，做大锅饭，大家就都有吃的了，比较艰苦。这样就过了几年波西米亚式的生活，还是挺有意思的！虽然穷，但是有艺术、有爱情、还有朋友！

张：那段时间还一直在画画吗？

赵：画，零零碎碎地画，房间太小，只能画小的，但一直没断过！

张：在这个过程中，你的绘画风格有改变吗？

赵：慢慢在改变，那个时候开始接触到水墨，对我的绘画风格有很大的影响，我吸收了很多中国的东西，我开始接触象徐渭、八大、梁楷、虚谷等中国古代大师的作品，去过敦煌、西藏等几乎大半个中国，看古代壁画、雕塑等，这几年学到的和在美院相比，是更现实更生活化的东西！

张：补了中国文化和传统美术的课！

赵：对，因为上学时非常喜欢西方的艺术，上的课也都是以油画为主，这样一来，我又接触到国画水墨这样的艺术形式，这段时间也非常重要！我以后的画风就是吸收并融合了这些！

张：2006年签的约是吧？那时他们是看了你的什么作品决定跟你签约的？你的作品已呈现现在的这种风格了吗？

赵：有一点，初期阶段吧！其实说起来这也是一段故事。我签的这家画廊本来不是专业做画廊的，这个人是做古董的，台湾很知名的文物收藏家，他签过申玲、王玉萍、徐晓燕等老师，我上附中时就认识他了，当时我们在河南下乡写生，他到洛阳考察，就碰见了。他看我画的挺好，就聊了会儿，后来，美院期间还帮过我，我离开美院后好多年没联系过，直到2004年他们参加国贸的艺术博览会，我们又碰面了。知道我在画画后，就去看了我的作品，觉得很不错，但那时仍没谈到签约，后来我想让他帮忙投点钱办个学校，因为我当时就没指望着卖

画生存，他就劝我不要办学，还是专心画画，说："你很有才华，我才帮你，你要是没有才华画画会很痛苦，你就应该当画家，我资助你。"其实他就是用签约的方式帮我，就这样，我们签了五年，虽然钱不多，但够我画画和生活的，我终于可以用全部的时间来画画了！

张：你平生第一次可以用你最喜欢的技艺来挣生活费了，也算是正式归队了！

赵：真是很难，很多美院研究生毕业都很难走上职业艺术家的道路的。

张：你找到这种比较成熟的绘画语言是什么时候？

赵：签约这几年非常重要，我专心地去画去探索自己的艺术语言，应该是在2007-2008年的时候就比较成熟了，其实这种风格已经摸索近十年了，直到2009年我在第十一届全国美展获了个奖，算是被承认！

张：对，是油画《香寂》吧？

赵：是，那是我人生很重要的一件事！

张：能说得出哪一幅作品是开端吗？就是你看完之后意识到：这应该是我的语言，我应该用这种风格画下去！

赵：很难说，因为这个界限已经很模糊了，从我最早画女性人体开始，也是很西方地去画，象席勒一样，很痉挛很表现的那种，给人感觉并不美，很夸张！后来就慢慢融合进去中国水墨画的元素，画面也越来越成熟完善，画廊也会挑我很多毛病，他们有时相当挑剔，当然这个我能理解。

张：那时你的画可以在台湾卖出去吗？

赵：可以，我记得他们第一次拿我的画参加台北艺术博览会，第一天就全部销售了！后来又参加上海和北京的艺博会，还有嘉德、保利等拍卖，成绩也都不错。

张：而《香寂》获奖其实是在专业领域里的第一次被承认！

赵：对，第一次在学术上被承认。我也觉得很意外。十一届美展之前，我一个国家的展都没送过，当时一个老师建议我送送全国美展试试，我说，全国美展五年一次多难啊，我的画又不是主旋律的，况且我又不认识省美协的。因为当时要先通过省美协，一级级往上递。

张：你由于没有工作，又到处漂泊，已经不是学院派，这个正规圈子里的人了。

赵梦歌 闲情赋 60×90 布面油画
赵梦歌 野竹林 70×50 布面油画 2012

赵：是，很边缘化了已经，但省里边还非常好，当时初评时一看我的作品就纳闷：这是哪儿来的？因为每次送展的人都差不多那批人，都认识的，这个人怎么没见过？这种风格也没见过。后来听一位老师说：第一关差点把你淘汰掉，因为谁都不认识你。多亏一位老前辈拿出我的画给大家看，说这张怎么怎么好，之后一下票数就过半了。

张：你知道他当时怎么说吗？

赵：好像是说特别空灵啊，有感觉啊之类的，而且从来没见过油画这么画的！后来那位参评的老师跟我说：过了第一关，后来每一关就必须有你了，虽然你不是一套法国大餐的主菜，但却是餐后的那个甜点，必须的！

张：是非常有个人风格！

赵：让人感觉很清凉、很放松、很宁静，所以就一路过关斩将，就送到全国美展，先是入选，最终又获了提名奖。

张：《香寂》系列有什么特别的创作背景吗？

赵：当时心情比较好吧，比较放松，画时进展比较顺利！

张：《色空》是在《香寂》之前还是之后？

赵：之后。

张：我看有人写评论说这批画很有意思：它是一个女性的自我疗伤，她不再呐喊，她控制，所以我想知道这批画的创作背景，你个人的状态是什么？

赵：当时情感上很糟糕，必须要分手吧，客观原因造成我们必须分手，但互相感情都无法放下，但必须生生把这个胳膊砍掉，我要强忍着这种痛苦，还要平静地工作。就像用打坐这种方式让自己内心平静是一样的感觉，只有咽下去，压下去，没有去喊，自己承受就好了。

张：你不是那种（女孩）碰到这种事就要找女伴哭诉是吧？

赵：从来没有。

张：你是不吭声，自己画画，画里的人物这时候也不吭声，全都在自我控制，看上去很轻松的这个状态，里面却有张力！

赵：对，示人的时候，我还要很平静，很从容，好像什么事没发生一样，其实内心那种痛苦，经常夜里睡不着觉那一段，外人是看不到的。我不希望把这些东西给大家看，因为这个世界本身就够乱了，我希望好一些美一些的东西给大家看。

张：这时候是你三十岁以后了吧！

赵：嗯，应该是三十五岁了。

张：这是一个成熟的女人了。

赵：成年人应该学会控制自己的情绪。

张：你早期的画还画各种各样的人，后来发现你只是画女人了，不断地画女人，然后我看到你写的一首诗，我觉得可能对诠释你的画很重要：

生活被艺术着，艺术被生活着
优雅时尚，衣冠楚楚，
脱光衣服，他们都一样！
裸体是心灵的赤裸、真实的坦荡、
无所谓的从容！

他们是精神的自画像，是灵魂存在的形状……

自赏，冥想，自我疗伤！

没有柔弱，也不必坚强！

爱情似淡若无，相思遥远飘渺，

肉体被观赏，心灵要放逐，精神在流浪……

她们深深地现实着，轻轻地超脱着……

生活被艺术着，艺术被生活着……

艺术被生活着，生活被艺术着……

这里面我觉得说了很多事儿，女性比如说到了身体、爱情、现实、艺术，然后说了一句重要的核心，这些女人他们

的状态：没有柔弱，也不必坚强！我相信这样的态度必须要到三十岁以后，而且一定要有过若干次的经历，包括情感经历的人才会有这个意识。

赵：对，三十岁都不行，三十五岁以后吧！

张：这里涉及到我对你画中的一些具体的疑问，看上去你画的是古代仕女，但你跟以往画仕女的人不一样，你不是在画古代仕女，而是在画女人的身体和精神。他们的内心世界，用一个什么样的器皿装都可以，这样的女人是古今中外所有女人，但是你总是把她画成一个古代仕女，而且所有这些仕女都看不出长相的区别，为什么这样呢？

赵：就像我那首诗里写的，所有女人都一样，不管外表是否光鲜，各个领域的，演艺圈也好，艺术圈也好，普通老百姓也好，本质上都是差不多的，都在承受着很多东西，都在慢慢成长成熟，最终都会归于平淡如水的很从容的状态。这是我向往的境界！

张：为什么选古代仕女作为表现形象？

赵：古代仕女只是个媒介，因为我是中国女性吧，还是比较含蓄内敛的。这种形象比较符合我的性格，有点古典和传统，但裸体的仕女就比较当代了！纯粹的传统我也无法忍受！

张：她适合表现那种外柔内刚、含蓄收敛的状态。

赵：没错，要是画一种西方的骨感美女，我觉得不适合我画里的东方意境，不是典型的东方味道！我是从这种土壤里过来的，我妈我姐都是比较传统的女性。

张：所以这个会解释你画面里面给我的感觉，比如这几个丰满白皙柔软的身体看似柔软，却总有一股子自己的劲儿，就是自我控制，自我玩乐，自我生存的那种坚强劲儿！所以强和弱，外柔内刚这个劲儿在这些女人身上表现出来了。还有你画了好多都是裸女，但是这些裸女没有色情意味……

赵：色情这个东西，其实是人的大脑里想色情的话，你画出来就是色情的，你脑子里根本不关注这个，即使我再画丰乳肥臀也不会是色情的，他只是呈献给观众一个外在的东西罢了。

张：我觉得你用这些身体表现的根本就不是身体，他们只是一个符号。

赵：而且这个形体在艺术上很有艺术性，非常饱满，我喜欢饱满的东西，很有从内到外的那种张力。这也是经过多年的反复试验，各种形象都尝试过之后的一种选择。

张：这种形象能表达你做为一个成年女性内心所感到的那种丰富的意味。

赵：对，比较包容，比较丰富的感觉！

张："生活被艺术着，艺术被生活着"，这怎么讲？

赵：生活有时候是很无奈的，"被"就是无奈，不是你在选择，你是在被选择。我走这条艺术道路，最初也是无意识的，但是最终生活把你推到这边又推到那边，然后艺术又在主导着你的生活。

张：本来就这样的，我一直觉得人生在世就是两个层面：一个是脚踏实地地生活，一个是灵魂的高飞。我有个写诗的朋友说：没有面包，我活不了，但是没有诗，我活不好！所以就这么艺术和生活相互渗透着，互相纠结着……然后就这么不断打造和演变，最终那个女人就有了这个状态：没有柔弱，也不必坚强！

赵：是啊，被锻造的，没办法，只能这样刀枪不入了！

张：我觉得有的女人愿意表现柔弱，有的女人特愿意自我暗示坚强，但是你如果跨过柔弱和坚强，进入另一个状态的时候，那要有过一些很痛苦的经历。

赵：是，各种的，亲人的离去，感情上的……

张：情感的分分和和，具体日子的锤炼。

赵：生活上你还面临吃饭问题，并不是说活在精神世界就可以了，最早天天谈艺术啊，爱情啊，那时年轻无所谓，但到了一定年龄你就得考虑一些现实的问题。

张：所以到了"没有柔弱，也不必坚强"的时候，就进入了一个比较自由的自如的状态，这就是你后来画中的女人。所以我看评论你笔下的女人都看似温婉，实则刚毅！你同意吗？

赵：呵呵，我希望是这样，能抗得了各种压力，各种考验！

张：依然从容，善于自我控制，所以你画画这条路很像一个女性的心灵历程！

赵：对，上次有一个杂志采访我，我也这么说过！

张：我看你谈到从个人的情感相思，到感叹似水流年，青春易逝，稍微年龄大一点看淡红尘，坚守理想，接近中年开始修身养性，心静如水，到你事业更开阔，胸怀更开阔的时候又开始胸怀古今未来，包括你说的《山外山》系列，要表达一种东方的宇宙观。

赵：是我这个人成长成熟的过程吧！

张：你在画这样一个核心精神的时候，就给自己找到一些具体的绘画

赵梦歌 本草系列之一 40×40×6 布面油画 2010
赵梦歌 飞来峰 70×50 布面油画 2012

方式,比如作为一个画油画的,你的画很多时候特像水墨,尤其看照片,就更像,好多墨色、线条的勾勒比较轻灵,浅淡的色彩,这是有意识的选择吗?

赵:是我的追求吧,我的喜好,我就喜欢这样的。我现在好多时候是在看中国古代的东西,水墨啊壁画雕塑之类的,从那里我能吸收很多灵感,像那些纯粹的西方的油画,对我来说已经没有任何的吸引力了。我喜欢两极的东西,油画的强烈和厚重还有水墨的空灵和淋漓,我努力在把这两种东西结合在一起。

张:跟东方美学的结合,我觉得可能跟你内在精神的演变有关的,因为年轻的时候迷恋那种特表现的、激烈的东西,人近中年开始控制了,所以你可能会喜欢东方美学里的一些含蓄的东西,然后你就找到了一种合适的外在语言来表现这种内在精神的改变。

赵:最新的这批作品名字叫《雪月花时》,来源于白居易的一个诗句:雪月花时最忆君。我觉得取前半部分就够了,它也可以象征人生最美好的那段时光,对我来说是一个时代的开始。中国的当代艺术不再是追随迎合西方的艺术,中国应该有自己的当代艺术,随着中国的崛起,中国传统艺术开始重新被关注,怎么把它转化成当代的语汇,也是很重要的。雪月花时代表着这个时代的开始,一个融合古和今。传统和当代、东方和西方的新的艺术时代的开始!

张:还有一个细节,你除了油彩之外,还用了矿物质粉之类的东西?

赵:是用过一些矿物质沙子纸浆等,底子还专门做过肌理,有的还贴过宣纸,用过水墨,从材料上我也试着融合了东西方的东西。

张:是有意识地让它有壁画的效果吗?

赵:差不多吧,我喜欢那种斑驳的有历史感的甚至是残缺不全的东西,被历史风化的永远比崭新的更令我着迷!

张:其实你一直在画你内心世界的演变过程。

赵:近期作品我还用了黑色的油漆去泼洒滴流,黑油漆锃亮的金属感、黏稠感,细劲感是无与伦比的!和我性格中的某根神经非常的契合!

张:现在依然生活非常单纯?就是画画?

赵:我努力让自己单纯,希望自己的生活越来越简单,想的事也简单化。

张:生活不容易,不过从画里能看的出来,你内心还是挺自在的!

赵梦歌 雪月花时之二 130×160 布面油画 2012

赵梦歌 秋意浓 90×60 布面油画 2013

赵：没错，但是还是有很长的路很多的目标等着我去实现。我觉得艺术上的问题对我来说还是最艰巨的，你怎么能把自己的艺术之路画一个圆满的句号？这辈子，这一生！有些人是家庭这一块儿画了一个圆满的句号，子女啊培养得都非常好，有些人就艺术这一块，不管能做到什么程度，也许突然之间我没了，但我尽可能的在这个事件之前能做到多少做到多少。

张：我觉得很多女性画家不愿被人认为是女性画家，你怎么认为？

赵：以前女性是男性社会的附属品，现在早已不是那样了，女性完全可以独立，包括学习就业社交各方面。当然生理和思维方式上还是有很大差异，不过这种差异是允许的而且是有意义的！女权主义时代已经过去，必须和男性一争高下也没必要！

张：其实那只是女权主义中的一个小小波澜，女权主义我觉得一直是我们国家的一个误译，应该是平权主义，其实就是平等，尊重个性，自由发展的意思，而不是谁的权力必须大于谁的权利。

赵：对，我觉得可以用一个词：后女性主义时代，女权主义可能激烈了点，女性主义显得温和了些，后女性主义时代应该是男女和谐相处，一种伙伴关系，这样比较好一些！

张：用你的诗里的话说，可能以前附属的时代对女性来说是个柔弱的时代，后来激进女权主义时代是要张扬坚强的时代，到后来你说没有柔弱，不必坚强，大家都是人，各自独立地活着，互相尊重，就是没有柔弱，不必坚强！

赵梦歌艺术简历

1974年,生于中国河南,现居北京。曾就读于中央美术学院附中,中央美术学院油画系三画室,美国乔治敦大学访问学者,中国美术家协会会员,职业艺术家;曾游学于美国、英国、法国、意大利、德国、丹麦等国。作品多次参加国内外大展并获奖,2009年作品《香寂》入选十一届全国美展并获获奖提名,作品多次参加嘉德,翰海,保利等大型拍卖,并被国内外艺术机构、美术馆及私人收藏。

个展:

2012 "雪月花时—赵梦歌作品展"河南省博物院/河南/中国

2011 "造梦空间—赵梦歌个展"德意家艺术空间/北京/中国

2011 "赵梦歌台北个展"观想艺术中心/台湾/中国

2011 "造梦者—赵梦歌艺术展"繁星美术馆,环铁时代美术馆/北京/中国

2005 "东方伊甸园"(5.STUDIO)/斯德哥尔摩/瑞典

2002 "梦幻天堂—赵梦歌油画作品展"千年时间艺术中心/北京/中国

重要展览:

2012 "中国当代著名画家中原行作品展"中国国家博物馆/北京/中国

"中国美术家协会会员精品展"美林美术馆/广州/中国

"北京意象-中国画,油画作品展"中国美术馆/北京/中国

"第七届中国西部大地情—中国画油画作品展"新疆国际会展中心/新疆/中国

"中国当代陶瓷绘画艺术展"中

赵梦歌 弥生系列 画面油画 2012

国美术馆/北京/中国 "柔性的维度—当代女性艺术家联展"798联合艺术馆/北京/中国

"中日韩文化交流展"上海展览中心/上海/中国

2011 "河南省青年美术家精品展"郑州美术馆/河南/中国

"中国色彩—绘画艺术展"无锡博物院/江苏/中国

"北京意象·绘画作品展"中国美术馆/北京/中国

"中国当代陶瓷艺术大展"华盛顿子午线国际中心/华盛顿/美国

2010 "艺术中国·全国油画展"环铁时代美术馆/北京/中国

"油画艺术与当代社会—中国油画展"中国美术馆/北京/中国

"中国演义艺术展"盘古七星酒店/北京/中国

"第六届中国西部大地情—中国画油画作品展"鄂尔多斯国际会展中心/内蒙古/中国

"河南广西美术作品展"郑州美术馆/河南/中国

"新中国六十周年纪念展"全北道立美术馆/韩国

"研究与超越—第二届中国小幅油画展"中国美术馆/北京/中国

2009 "第十一届全国美展获奖及优秀作品展"中国美术馆/北京/中国

"第十一届全国美展,并获获奖提名"湖北美术馆/湖北/中国

"河南省第十一届美术作品展金奖"郑州美术馆/河南/中国

"中国百年艺术展"巴黎大皇宫/法国

2003 "情系西部—国际艺术大展"首都图书馆/北京/中国

"中国优秀先锋派艺术家联展"西班牙/德国/瑞士巡展

"首届青年美展"今日美术馆/北京/中国

1998 "中央美院附中建校45周年历届留校作品展"原中央美院陈列馆/北京/中国

获奖:

2012 中国乌克兰建交20周年获乌克兰大使奖

2011 河南省青年美术家精品展获优秀奖

2010 第六届中国西部大地情—中国画、油画作品展获优秀奖

2009 第十一届全国美展获奖提名
河南省十一届美展金奖

2003 情系西部—国际艺术大展优秀奖

个人画册

《造梦者:赵梦歌作品集》《赵梦歌:雪月花时》

公共收藏:

今日美术馆/中国

河南博物院/中国

河南省美术馆/中国

北京国子监油画艺术馆/中国

北京环铁时代美术馆/中国

广州美林美术馆/中国

北京繁星美术馆/中国

鄂尔多斯国际会展中心/中国

新疆国际会展中心/中国

乔治城大学/美国

乌克兰驻华大使馆/中国

亚洲女性发展协会/中国

西班牙马努埃尔艺术基金会/西班牙

重要出版

《美术》《中国美术》《中国美术作品年鉴》《中国油画》《艺术家》《伟大的复兴—优秀人物卷》《美术向导-中国当代画家线描集》《HI艺术》《中国百年艺术》《十一届全国美展油画作品集》《十一届全国美展优秀作品集》《中国油画市场》《美术档案》《大观》《美术界》《美与时代》《乌克兰大使奖》《油画艺术与当代社会》《研究与超越,第二届小幅油画作品集》等

赵梦歌 半窗 70×70 布面油画 2013

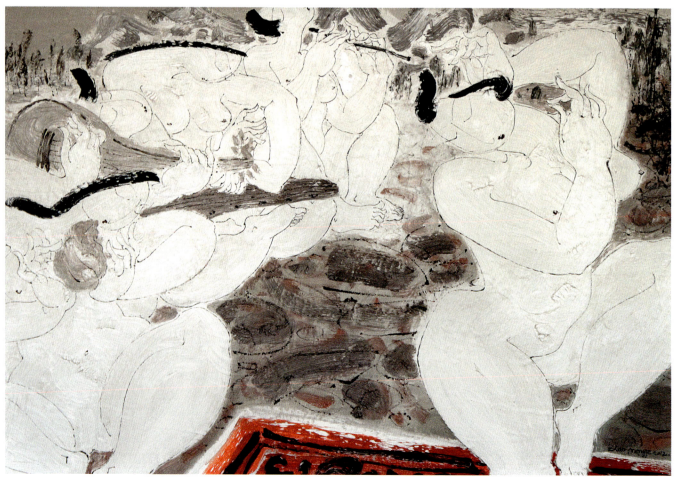

赵梦歌 屈柘枝之二 100×140 布面油画 2012
赵梦歌 屈柘枝之三 100×140 布面油画 2012

赵梦歌 独乐乐? 众乐乐? 之二 150×65 布面油画
2012

赵梦歌 雪月花时之一 130×160 布面油画 2012

赵梦歌 采薇图之二 60×90 布面油画 2012

赵梦歌 独乐乐? 众乐乐? 之一 150×65 布面油画
2012

赵梦歌 梅枝香 90×60 布面油画 2012

赵梦歌 清音 60×100 布面油画 2013
赵梦歌 雪月花时之三 130×160 布面油画 2012
赵梦歌 雪月花时之七 130×160 布面油画 2012

赵梦歌 凉风起 70×50 布面油画 2012

赵梦歌 采薇图之一 60×90 布面油画 2012
赵梦歌 雪月花时之八 130×160 布面油画 2012
赵梦歌 雪月花时之六 130×160 布面油画 2012

真正的"意"。"写"时，务必是充满着一种"道"的意识，臆想着自身的主观"意象"，使情达于画，使画抒出情……这才是"写意精神"的实质内涵。对于中国风景油画来说，有秩序的写意就是其创作本质的回归。

油画创作必然遵循从"真"到"善"再到"美"的递进秩序。当然，对于任何一种艺术形式来说，这三个字，都是永恒不变的主题。

首先，创作的真实性，是现实生活的真实与画家精神生活的真实相互融合、相互统一的真实，是不以主观的任意性为主导，不停留在对现实生活的表面的、个别的、偶然的现象的描绘上的真实。

其次，创作中的"善"，必定是一种非特殊性，非个人私密经验性的善，必定是一种不存在解读的歧义性和无可解读性的善。这种"善"，不是神秘和不确定的，也不是被人莫名传颂的，而是公共承认的，遵守社会秩序的"善"。

最后，要想解读真正的美，必然要遵循社会通行的大众的美学规则，不能没有基础盲目追寻所谓的"美"。在风景油画的创作中，更应当遵循这些秩序，才能逐步走向"美的回归"，"精神的回归"和"文化的回归"。一个成熟的艺术家，其艺术作品一定有秩序可循，中国风景油画家，更应当大力倡导遵循有秩序的写意的创作原则。

"艺术"两字，先有"艺"后有"术"，"艺"是"术"的基础，"术"是"艺"的延伸。《说文解字注》解释"術，邑中道也。邑，国也。引申为技术。"所谓"技，巧也。工部曰：巧者，技也。"由此看出，"术"的本义是道路，道路是人改造自然界的结果，是人发挥主观能动性的成果，带有很明显的人工痕迹，后来它引申为技术，技即巧，同样是人充分发挥了主观能动性，创造出新的事物。如果说"艺"更多含有人的本能的作用，那么"术"则是人自觉地利用主观能动性，创造规则，利用规则，有更多理性思维的参与。那么对于画家来说，如同被称为后现代艺术启蒙人的波洛克所述，画家必须会把自发与天然的状态描绘出来。这句话，和中国传统国画中的"写意"异曲同工。

人类最初的绘画活动，都是天真自然、自发开展的，无须专门的培训训练，根本就没有画家职业之分，美术成为专业工作之后才有了关于绘画艺术的标准。随着时代的发展，每个时代，伴随着其历史、文化、政治的发展，都具备了特定的时代秩序，那么中国传统国画中的"写意"，也随着时代的发展，不断更新着其秩序的内容和深意。现代文明的发展，已经完全改变了人的感官经验，事物的发展速度越来越快，人们接受的信息越来越多。艺术家在重个性、重感情色彩、重自我主张的观念下，越来越重视真正的"精神的美"和"内心的信息"，这也就是在现实的具象之后，实物和内心相结合的写意。

油画艺术从20世纪初被引入中国以来，经历了观念的冲突和技法的改造，从全盘西化、折衷主义到中西融合，从写实主义、表现主义到民族化道路，历经坎坷。中国油画始终面临着两方面的难题：一是如何对待油画，究竟是批判还是接纳；二是如何利用博大精深的中国文化。事实证明，中国上下五千年的文明史，造就的中华文明根深蒂固，无论再怎样拿来主义，再怎样洋为中用，再如何中西融

合，中国的文化特色也无可取代。所以，中国特色的写意，也是中国风景油画的精髓所在，所谓"民族的就是世界的"，我们没必要去照搬或模仿西方后现代主义的观念与思潮，我们可以参考和汲取所有有价值的思想和技术成果，转换为有效的本土话语，参与到油画的创作中来。所以，中国风景油画，要想有自己的特色和风格，要想真正回归本土文化传统，就要走有秩序的写意道路。

越来越多的中国艺术家，开始探讨如何重建中国艺术，如何摆脱西方艺术束缚，事实上，这正是中国油画的大归途。在风景油画方面，人性与自然的"同一"，人与自然的"和谐"，真正的中国道学和禅学的体现，才是中国艺术的大归途。

王海军 老长城写生 60×80 布面油画 2011
王海军 雪野之二 80×60 布面油画

王海军 风景系列 70×100 布面油画 2012

王海军艺术简历

王海军，教授，艺术硕士，中国美术家协会会员。河北承德人。2003年国家公派赴俄罗斯国立师范大学造型艺术系留学，获得艺术硕士学位。现任教于河北民族师范学院美术系。

2003　在俄罗斯奥斯特洛斯基国家博物馆举办油画展。有多幅作品被国际人士收藏。

2007　《七九河开》获中国美协主办"第二届风景·风情全国油画展"优秀作品；《七九河开之二》入选中国美协"第三届中国美术院校师生油画作品展"《雪日徘徊之一》获中国美协"第四届中国西部大地情画展"优秀奖。

2008　《雪日暖阳之二》入选中国美协主办"第二届'时代精神'全国油画作品展"；《雪野》获中国美协主办"第五届中国西部大地情画展"优秀奖

2010　《古老的村庄》入选中国油画协会主办"研究与超越第二届中国小幅油画展"；《冬日暖阳之七》入选中国美协"北京国际双年展"；《俺们家》获中国美协主办"现实·超越——2010中国百家金陵画展"油画展金奖。

2011　《俺们家之三》获中国美协主办"艺术凤凰"当代青年油画作品展金奖。

2012　《暖阳依旧》入选中国油画协会主办"可见之诗"第二届中国油画写生作品展；《长城遗梦》入选中国美协主办的"2012中国百家金陵油画展"；《寻梦毛乌素》入选中国美协主办的"浩瀚草原"邀请展；《暖阳依旧之三》入选中国美协主办的首届全国中青年油画展；《养我的那片厚土》获首届中国美协会员油画、版画精品展，油画艺术精品奖。

王海军 冬日暖阳 97×146 布面油画 2009
王海军 风景系列 70×100 布面油画 2012
王海军 风景系列 70×100 布面油画 2012

王海军 暖阳依旧之三 180×120 布面油画 2012

王海军 塬上人家之一 120×200 布面油画
王海军 家乡的雪 120×200 布面油画
王海军 慕春三月 120×200 布面油画

王海军 暖阳依旧之一 100×80 布面油画 2012

王海军 雪野 97×146 布面油画 2011
王海军 长城遗梦 120×200 布面油画 2012
王海军 七九河开之三 120×160 布面油画

王海军 风景系列 70×100 布面油画 2012
王海军 夕阳之一 97×146 布面油画 2011

王海军 岁月 60×80 布面油画 2011
王海军 风景系列 70×100 布面油画 2012
王海军 风景系列 70×100 布面油画 2012
王海军 原上草系列之一 120×200 布面油画 2012
王海军 古老的村庄 60×80 布面油画 2009

中国新具表油画实力派艺术家

黄礼攸

【凤池观察】风景创作的难度往往在于表现元素的取舍，取之太多，难免太似；舍之太多，难免不像，似与不似之间往往分别出好手与俗手，从这个意义上说开去，黄礼攸先生无疑属于取舍之好手，其《早春的阳光》《雨中丛林》《金鞭溪》等件都堪为其优秀典范，虽则画幅不大却取舍高妙、排布有趣，自然而有生活之味，灵动而有诗家之情，景情并蓄，意味深长。而《柘溪春暮》《雨中洞庭》《春色有无中》等作又能善用色彩，准确地借助自然中光与影，创造出怡心悦目的画面效果，古朴而富有生机，热烈而不乏宁静。礼攸风景之作在其非凡的取舍与巧妙的着色中精彩纷呈，可谓在中国风景画家中出类拔萃，不仅艺术上会大有作为，市场上也会有出色之表现，相信未来也是一位令各路藏买家纷纷竞夺的理想目标。

当代油画风景
与中国传统山水的两点思考

文/黄礼攸

　　"风景"在中国绘画体系名为"山水画",自唐宋以来就在中国美术史上独占鳌头,成为绘画的主流,其地位、成就和影响是任何画种都不可比拟的。西方自19世纪印象派后也曾一度成为画家们表达自我艺术观和表达对这个世界的认识感受的主要手段。自然,老祖宗们的画仿和画论也就成为了可以给后人们研究学习、观察临摹的经典范本。今天,我所谈的就是这些年我一直在学习,偶有思考,也偶有实践,也在努力解决的两个问题。

　　1."论画以形似,见与小儿邻"。11世纪中国苏轼的作画观点认为,形似并不是绘画的终极目的,"物之动在于传神"只有神似才应是绘画品评的最

高法则。19世纪的法国莫奈曾说:"当你画画时,要设法忘掉你面前的物体,一棵树、一片田野……只是想,这是一小块蓝色,这是一小条粉红色,这是一条黄色,然后准确地画下你所观察的颜色和形状,直到抵达到你最初的印象为止。"一个东方,一个西方,一个11世纪,一个19世纪,一个中国山水,一个油画风景,"神似"是感觉,"印象"也是感觉,虽说两者作品的视觉效果差异极大,但关注的"点"是值得我们思考的,尤其对于当下,两者都应物之为"绘画最为本质"的"点"是值得学习,消化和发挥的。

　　2.荆浩《笔法记》中的表现山水与自然界本质的真实好相互间内在的联

系的"六要：气、韵、思、景、笔、墨"和对山水画品评的四个标准"神、好、奇、巧"在当代风景创作中的自然有效地转心和传达，这是我学习、思考和实践的第二个重点。这里的"气韵"与谢赫的"六法"之本的"气韵生动"和顾恺之的"传神论"是借鉴、继承和发展了的关系，并且因之而异，因物而异，因时代而异。绘画，尤其是"字竞"油画没有了这一点，那就等于人没有了空气，植物没有了阳光，这是属于中国传统差学的原则问题，其既是针对客体而言的，也是针对画家而言的。我所理解的"思、景"为："思"既包

括"经营应置"也包括观察、体验、感受和提炼对象；"景"指表达的对象，也有"应物象形"的意思，用西方的绘画语言翻译，即对表现对象的造型和表现对象的语言方式。因此，"思"和"景"是作者表达审美情趣的中间媒介和物质裁体。笔、墨，"笔"指"笔致"，"墨"指"材料"，有激发手段的意思，同时也有审美品格和情趣在其中，"笔致"和"笔触"不一样，笔触是外在的，可学的，"笔致"是内在的，要感悟，要有才情，是内心感受的物化裁体。"墨"在油画中指色彩，指肌理，指材质本身所酵发出的视觉感受，和

"笔"一样，是围绕"神、妙、态、巧"而展开，而服务的物质裁体。如何把"气韵、思、景、笔、墨"吃透、消化、消溶在当代油画风景中，这个命题是值得思考和探索的。

总之，我们要表现传统的学习与传统的对话，同时，在面对鲜活的自然之时也应表现当下以及及时体验，重视锤炼，单纯精炼的艺术语言和作者表现的深度。传统精炼博大，当代也丰富色彩，我们要追根溯源，为的是探索未知，创作未来。

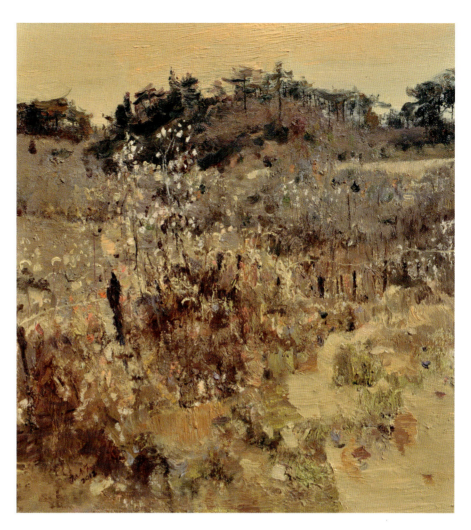

黄礼攸 官庄水库 80×80 布面油彩 2012

黄礼攸 秋色黄昏 80×80 布面油彩 2012
黄礼攸 桐荫别径 80×80 布面油彩 2012

众家集评

高岭：二楼的风景作品，给我的感觉好像特别久违了，很清新。画面的写生性，色彩的控制力和修养非常好，很高雅，不是刻意地追求写生画那种的强烈色彩，也不是追求一种强烈的、刻意的画面表现力。但是，在这种画面中依然有一种高雅的气息。前面的专家说了，应该是学院里面的基本功，但在基本功里面，黄礼攸的画是非常优秀的，基本功非常娴熟，可能很多老师都达不

到这样一个水平。如同贾涤非讲的，可能和他的性格有关系，总是那么温和的对待一切，可能内心很激烈，但是画面中总是显现出了他的控制力，依然是那么协调，那么温婉。我觉得，二楼的作品有吴冠中先生的气息，又没有吴冠中先生走得那么远，一切控制得很好。他在38岁时能够达到这样的油画高度，我觉得是湖南油画界的一大幸事。二楼的作品表现出了他非常深厚的油画基

本功。所以，他作为教油画基本功的老师，应该是湖南数一数二的人物了。

贾方舟：黄礼攸在艺术上的三种形态，最近的是这批风景，如果从逻辑上看，应该是先从学院的训练开始，慢慢地走出来，对社会有了认知，对当代生活有了思考，最后出现一种带有观念性的探索，好象应该是这样一种逻辑关系。但是，他在探索了艺术和当代的关系之后，又返回到学院去画带有写生

味道的风景画，这并不是坏事，他在重新找回对自然的感觉，这也是很有必要的。一个艺术家长期圈在画室里面画画可能会有问题，如果他不面对对象，可能会失去感觉。毕加索的艺术抽象变形到那种程度，他依然要面对对象画画，而且你能看出来画的人物就是那个对象，虽然变形变得很厉害，对象能够成为他激情的来源，如果离开对象，激情的来源就没有了。所以，重新回到自然中，在自然中寻找一种新的感觉，这是必要的。

陶咏白：走进二楼，见到礼攸的写生作品，我的感觉是那么的熟悉，那么的亲切，我突然感觉自己走进了20世纪80年代吴冠中的画展中，那种温文尔雅的情调，那高级灰的色调，那画面形式感的讲究，用笔纤巧又洒脱，虚实的空间节奏……。他把吴冠中的许多语言元素都吸收进来熔化在自己的艺术中了。今天才知道贾涤非也是他的老师，在他的画中倒也有贾涤非的那种潇洒自如。贾涤非是中国表现派画家代表，80年代贾涤非的表现手法就红遍了东北。贾涤非的表现手法是狂热的，而黄礼攸的绘画那么优雅，那么柔情绵绵，很是令人

心动。我没有想到他有这么熟练的绘画技巧，达到了相当高的艺术水平。

魏怀亮：我很欣赏他二楼展厅的风景写生作品，喜欢他这些作品所呈现出来的独特感受。他画的不是西方那种纯粹的油画风景，把传统油画中的透视、光源、环境色等淡化了。他强化了自己的内心感受，用的是一种类似于中国山水画皴法的语言表达，画得轻松、灵动。黄礼攸从最初的人物作品注重形象，到后来的综合材料作品注重观念，再到现在风景写生作品注重直接感受，反映了他在油画创作上的探索与思考，

也充分体现出了黄礼攸先生艺术创作的实力与素养。

徐虹：礼攸的作品，不管是风景写生，还是创作，都让观众感觉到忧郁的情调，让你的内心起着情感的波动，并产生"伤感"。一般现当代艺术作品排斥这种伤感，认为这是比较古典的审美和表现方式。但是，"伤感"也有升华的可能，如果升华到"悲天悯人"，对人类前景的关切与感悟，也是打动人的重要途径。但是，只是能抓住油画的色彩和线条、造型，能掌握画面的色调，能用笔触找到画面节奏，能表现这样技

艺的艺术家不少。而要想具有美国画家罗斯科的艺术那样具有一种升华了的精神性品格，那就不容易了。罗斯科的作品同样有潇洒的笔墨，色彩层次的关系表达微妙，最重要的是他作品中的哲学境界和对信仰的态度带来的深度。这些不只是技巧可达到的，而是画面的各部分与艺术家全身心的情感和精神力度不可分割的。这也就是我刚才说的有关"问道"的后一层次，也就是哲学境界的层次。无论是写生还是创作，礼攸都开始了这个层面的探索。

黄礼攸 拓溪春暮 100×100 布面油画 2011
黄礼攸 桃花 80×80 布面油画 2012
黄礼攸 风荷晚香 80×80 布面油画 2012

黄礼攸艺术简历

黄礼攸，1973年生于湖南醴陵。2003年毕业于中央美院油画系第十二届助教研究生班。现为湖南大学建筑学院副教授，湖南省青联委员，湖南省青年美术家协会副主席兼秘书长，湖南省油画学会副秘书长，湖南省画院院聘画家，中国美术家协会会员，中国油画学会会员。

主要联展：

2012 最具学术价值及市场潜力艺术家作品邀请展（国家画院美术馆），"鼎新华南—吾土吾民"油画作品邀请展（广东美术馆），湖南省重大历史题材进京展（军事博物馆北京），可见之诗—第二届中国油画写生作品展（中国美术馆）；

2011 "各族人民好"全国名家油画写生作品展（中国美术馆）；

2010 "伟人足迹"全国名家写生作品展（中国美术馆）；

2009 第十一届全国美展（湖北美术馆）；

2008 "艺术湖南"进京作品精品展（中国美术馆）；

2007 "融合与创造"中国油画名家学术邀请展（首都博物馆），"艺术中国"全国画展（清华大学美术馆），"原子空间"青年油画家提名展；

黄礼攸 桃坞烘霞 80×80 布面油彩 2012

黄礼攸 雨中洞庭 60×90 布面油画 2011
黄礼攸 荷塘春色 80×100 布面油画 2011

2006 第三届北京国际双年展（中华世纪坛），"风景•风情"全国小幅油画展（刚泰美术馆）；

2005 纪念反法西斯战争胜利60周年主题创作展（中国美术馆），"自然与人"—当代中国画油画风景画展（中国美术馆）；

2004 中央美院五人作品展（中央美院美术馆）；

2003 第三届油画展（中国美术馆）；

2002 第十届全军美展（军事博物馆）；

1999 文化部全国第八届"群星奖"作品展（中国美术馆）；

1998 被湖南省美协主席团评为"湖南省中青年美术家十杰"（湖南省画院）；

主要收藏：中国美术馆 中国美协 中国现代文化研究中心 上海刚泰美术馆 湖南省画院

主要著作：《黄礼攸作品集》《黄礼攸素描》《中国最具学术价值与市场潜力艺术家—黄礼攸》

主要发表：《世界艺术》《中国艺术》《中国油画》《美术》《中国艺术文献》《美术研究》《美术焦点》《燕赵艺术地理》《中国文化画报》《今日中国美术》《中国油画报》《中国油画家》《艺术生活快报》《艺术视野》等。

黄礼攸 雨后君山岛 90×60 布面油画 2011
黄礼攸 夕照 80×100 布面油画 2011
黄礼攸 染秋 60×80 布面油画

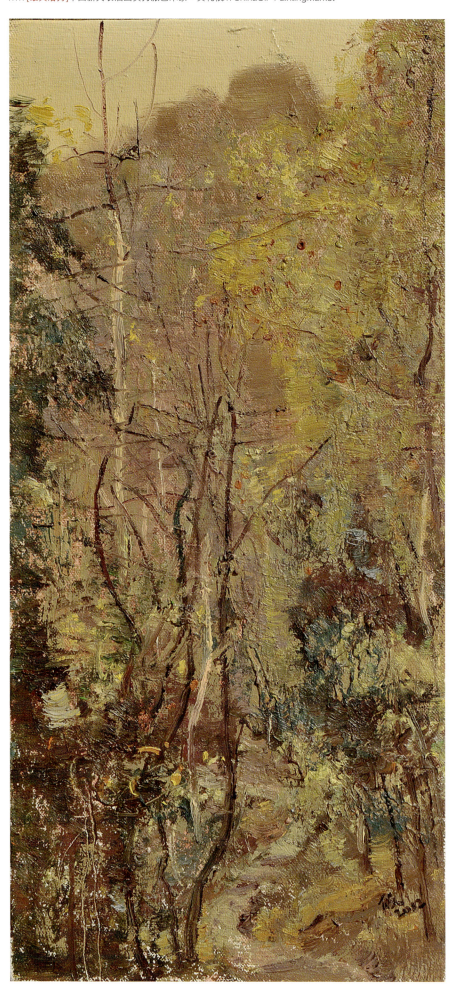

黄礼攸 麓山秋语 70×30 布面油画 2012
黄礼攸 温暖的阳光 60×80 布面油画 2011
黄礼攸 消夏 80×100 布面油画 2011

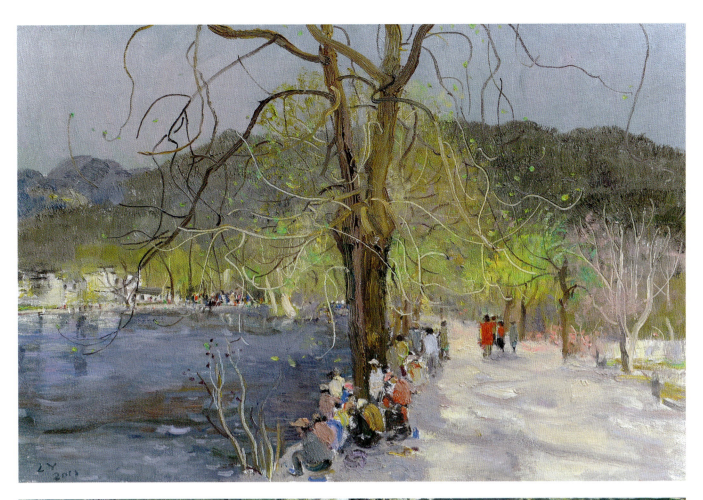

黄礼攸 冥·野风1 150×100 布面油画

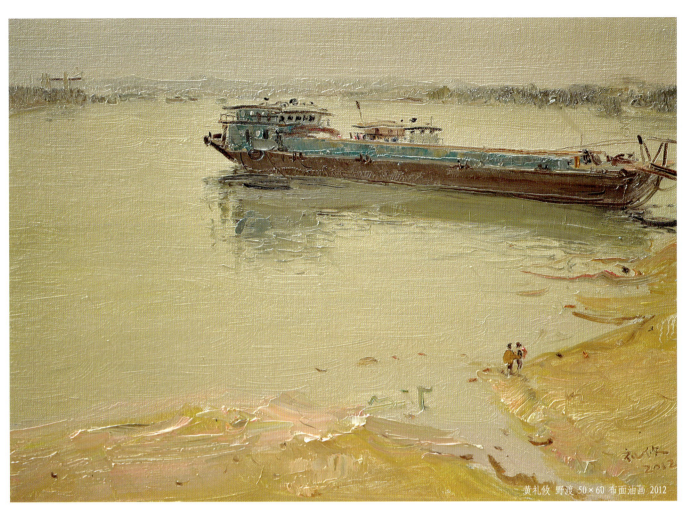

黄礼攸　野渡　50×60　布面油画　2012

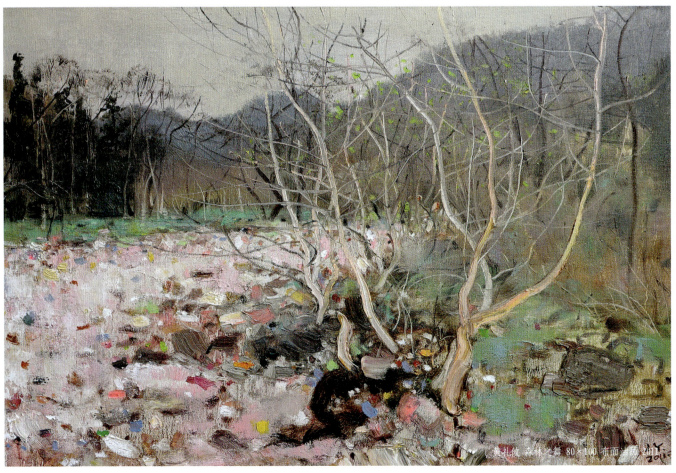

黄礼攸　森林之舞　80×100　布面油画　2011

黄礼攸 冥·野风3 85×100 布面油画 2012
黄礼攸 远山如黛 80×100 布面油画 2011
黄礼攸 冥·寂静 100×120 布面油画 2011

黄礼攸 金鞭溪 80×100 布面油画
黄礼攸 雨中丛林 80×100 布面油画 2011

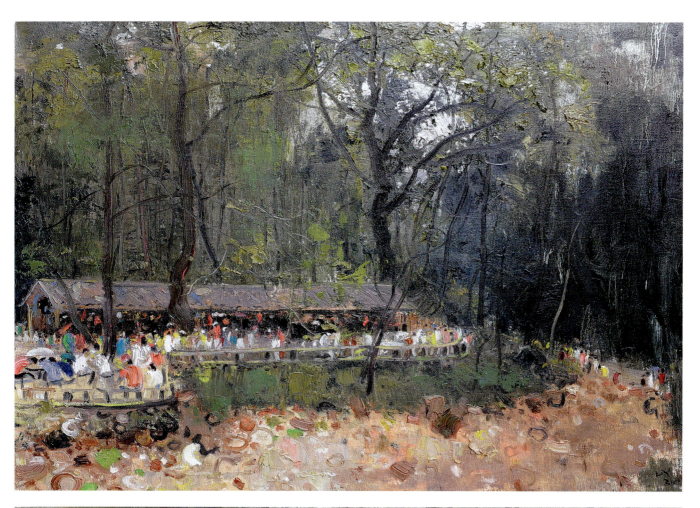

黄礼攸 梧桐树 60×60 布面油画 2010
黄礼攸 庭院 80×80 布面油画 2010

黄礼攸 南岳大庙 80×80 布面油画 2010
黄礼攸 亭 80×80 布面油画 2009

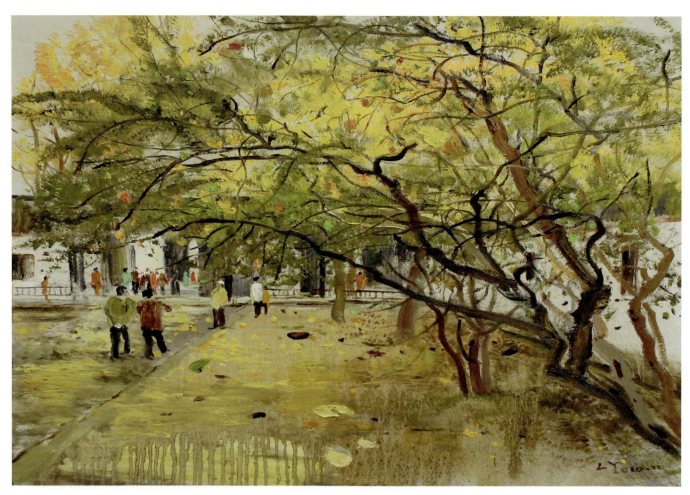

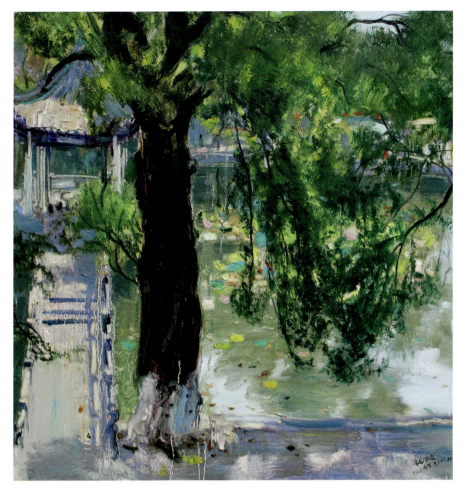

黄礼攸 院中秋 80×80 布面油画 2010
黄礼攸 婺源皇村秋意图 80×80 布面油画

黄礼攸 盛夏吹香亭 80×80 布面油画 2010
黄礼攸 秋天的阳光 80×80 布面油画 2010

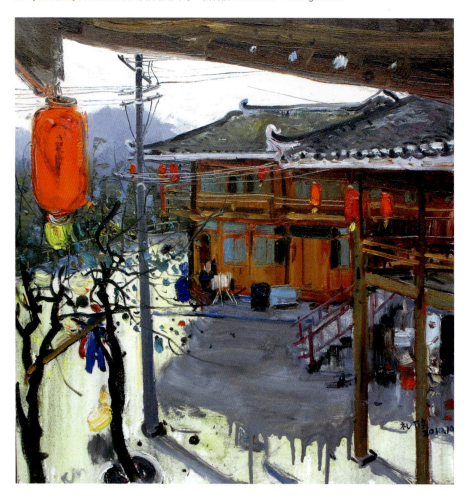

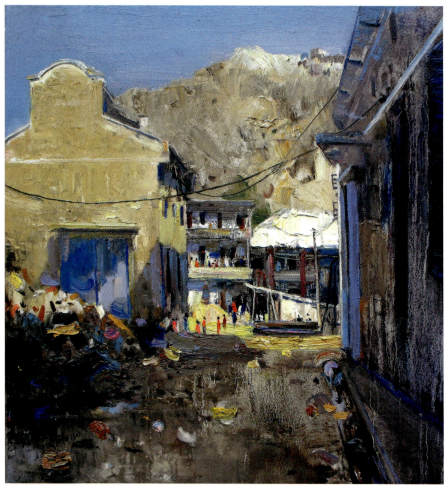

黄礼攸 紫鹊界的秋 80×80 布面油画 2010
黄礼攸 锡矿山风景 80×80 布面油画 2010

黄礼攸 黄昏之恋 80×80 布面油画 2012
黄礼攸 小镇之晨 80×80 布面油画

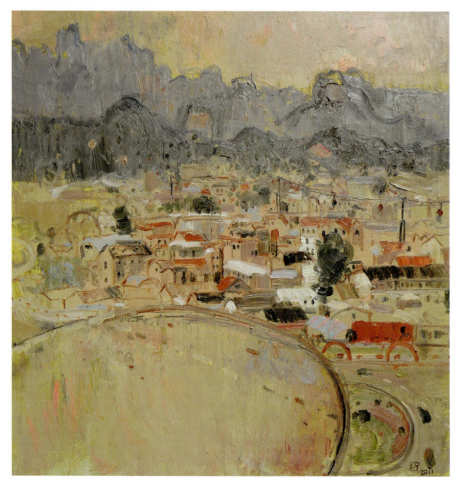

黄礼攸 远眺槟榔坪 120×120 布面油画 2011
黄礼攸 远眺天门山 80×80 布面油画 2011

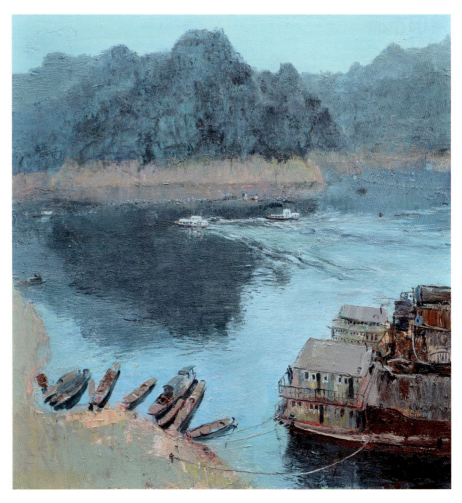

黄礼攸 春色有无中 100×100 布面油画 2012
黄礼攸 柘溪水库 100×100 布面油画 2011

杜海军画的是都市景观

文/易英

　　杜海军画的是都市景观。他的画充满形式感，但他的形式不是现代主义的形式之美，而是后现代主义的观念表达。虽然他使用的油画媒材，但他没有按传统的油画语言来画，建筑物平等于画面，窗户似乎是无趣地整齐排列，视线被压缩，空间被堵塞，这正是我们生存环境的写照。传统的形式美来自于自然的经验，现在这种经验正在人为地消失。每一个局部都画得很"油画"，整体上却不是传统油画的构成关系。这种矛盾犹如我们今天生活的寓言。杜海军的作品虽然是绘画，但更倾向于观念，当代社会的视觉经验仍然可以提供新鲜的形式感。

杜海军 大玻璃（局部-左）200×130 布面油画 2013
杜海军 大玻璃（局部-右）200×130 布面油画 2013

杜海军艺术简历

杜海军,1978年9月28日生于江苏宜兴。毕业于中国美术学院,中国美术家协会会员,现定居上海。作品在全国性展中多次获奖,多幅作品被中国美术馆、辽宁美术馆、韩国领事馆等机构收藏。

2008年　油画《N个窗》获全国第三届青年美展"优秀奖(最高奖)"。(北京中国美术馆)

2008年　油画《N个窗》被中国美术馆收藏。

2008年　《窗》《大提琴手》被韩国领事馆收藏。

2009年　油画《都市印象》获第十一届全国美展优秀奖。(中国美术馆)

2009年　油画《都市印象》获第五届上海美术大展白玉兰美术大奖优秀奖。(上海美术馆)

2009年　油画《windows》获上海青年美展二等奖。(上海刘海粟美术馆)

2009年　油画作品参加法国巴黎"中国当代美术精品世界行—赴法展"。(特邀)(法国巴黎中国文化中心)

2010年　应中国美术家协会邀请参加"上海世博会中国美术作品展览"。(特邀)(上海展览中心)

2010年　油画作品参加《新中国60年纪念》展。(韩国全北道立美术馆)

2010年　油画《城市生活》入选第二届全国小幅油画展。(北京中国美术馆)。

2010年　作品《城市之窗》参加"百家金陵油画展"。(江苏省美术馆)

2010年　作品《城市表情》获上海世博会中国美术作品展优秀奖(最高奖)。(无锡博物院)

2010年　油画《城市生活》被辽宁美术馆收藏。

2011年　油画《城市乐章》被深圳报业集团收藏。

2011年　作品《城市·家园》入选"艺术凤凰油画展"。(北京中国美术馆)

2011年　油画《windows二》《工地日记》参加"吾土吾民—人文江南"邀请展。(浙江美术馆)(特邀)

2011年　作品《咖啡色的回忆》参加"东方既白中国

杜海军 后窗 100×120 布面油画 2012

国家画院三十周年庆画展"。(特邀)(北京中国国家画院)

2011年　油画《幸福阳光》获第二届"挖掘·发现—中国油画新人展"优秀奖。(北京中国油画院)

2011年　油画《城市乐章》获"艺术家眼中的当代中国—中国油画艺术展"优秀奖。(深圳关山月美术馆)

2012年　油画《窗前》获首届中国美术家协会会员油画精品展最高奖"精品佳作奖"。(广州美林美术馆)

2012年　作品《时光列车》参加中国油画学会"中国青年油画作品展—最绘画"。(北京中国美术馆)

2012年　参加"艺术经典—中国国家画院美术作品邀请展"(北京中国国家画院)

2012年　参加中日韩"韩国丽水世博会美术作品展"(韩国)

　　杜海军用平实而冷静的笔触，沉着而智慧地描画出一种让人耳目一新的艺术图景，闪现出摒弃了噱头、标新立异之后的朴素之光。在惯性制作、盲目追随的油画现场中，他以油画语言的纯度和内容的深度赢得了应有的艺术尊严。

　　作为时间和空间的在场者，杜海军把普通人的视角和艺术家的敏锐合二为一，他着迷于对都市楼群风景的聚焦、放大、简化和重新构建，把被理性分割的水泥建筑凸显给人看，通过对无数个窗口的"印象扫描"与"现代构成"，实现着关于现代化进程中人的世俗生活和心灵状态的双重隐喻。在杜海军构建的艺术世界里，一扇扇内化为符号和意象的窗户，更新了我们窥视欲望社会背景之下纷繁复杂的人象、物象和世象的另类视觉经验，同时也提供了对其及进行解读、诠释、思索的无限可能。

　　杜海军新鲜而独特的艺术发现，简约而深刻的表达方式，尤其是清醒而执着的创作状态，在当下浮躁和急功近利的艺术语境中显得尤为可贵。(著名诗人 徐俊国)

杜海军 51号公寓 146×180 布面油画 2010

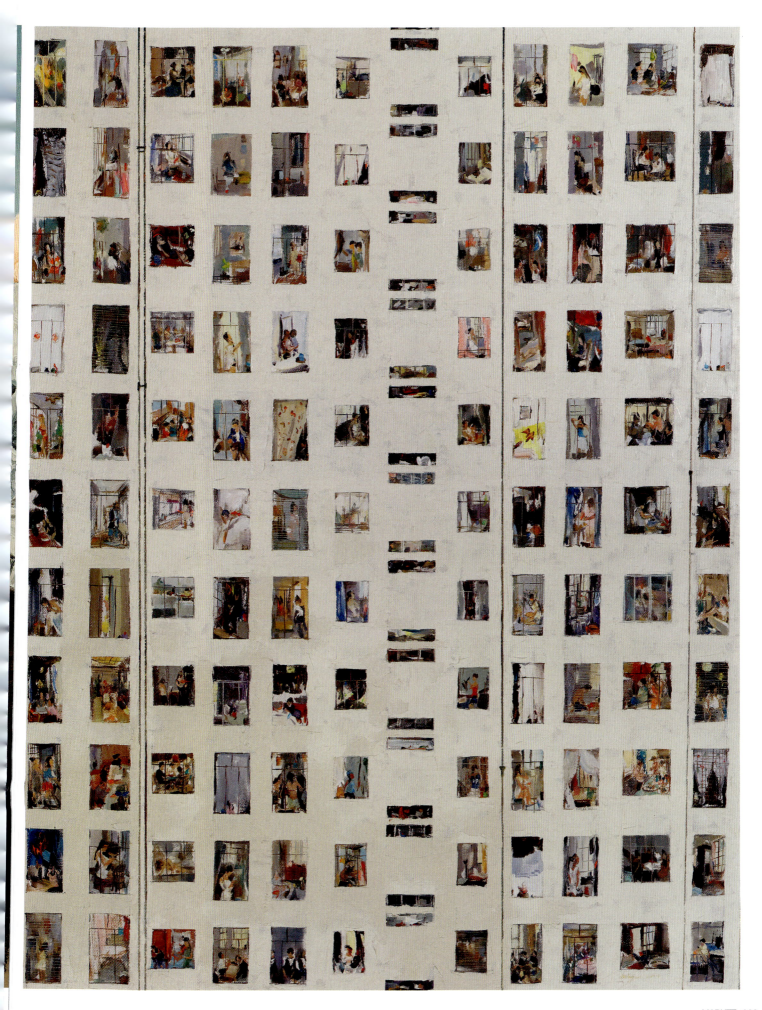

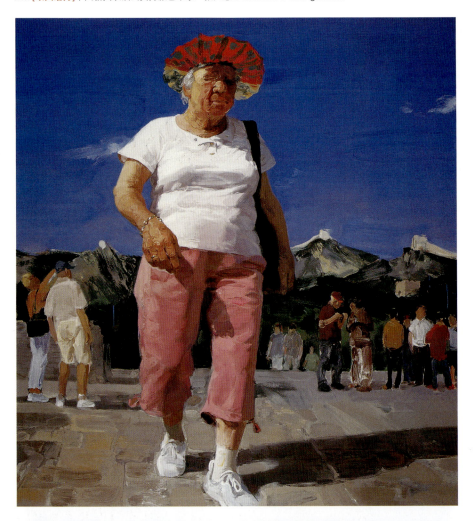

张文惠 不到长城非好汉之四 200×210 布面油画 2007
张文惠 不到长城非好汉之二 200×210 布面油画 2007

张文惠 不到长城非好汉 210×180 布面油画 2009

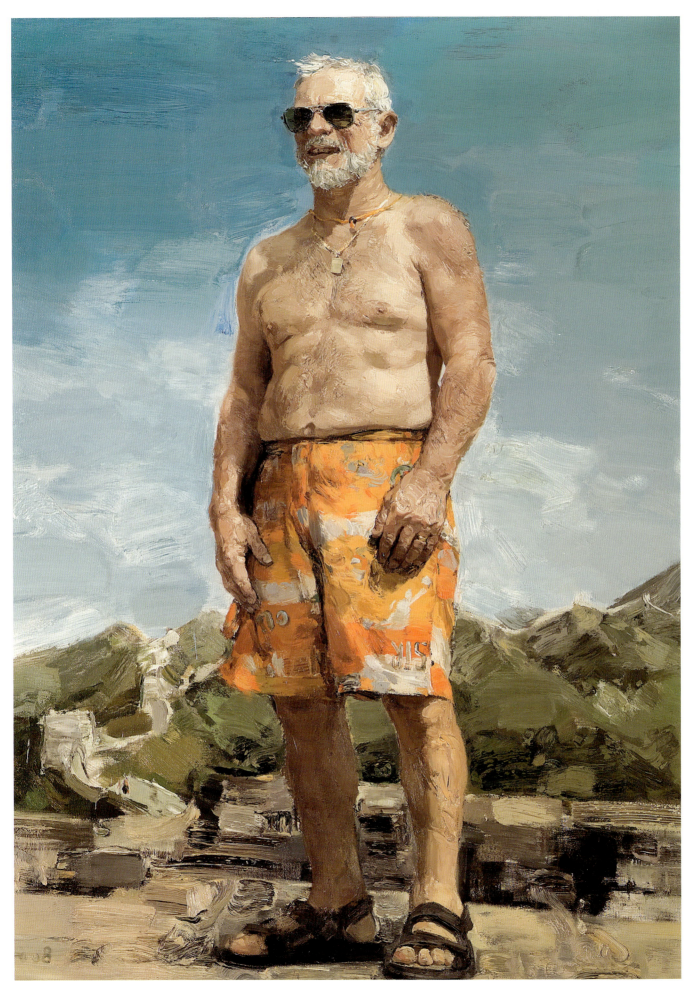

张文惠 不到长城非好汉之七 180×200 布面油画 2010

张文惠 青岛圣米尼尔大教堂 110×100 布面油画
张文惠 维族老人之三 80×50 布面油画 2011

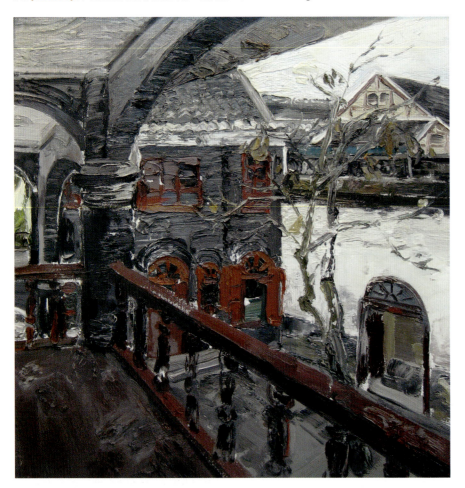

张文惠 阁楼的回廊 110×100 布面油画 2009
张文惠 青岛写生之三 70×60 布面油画 2009

张文惠 白发老人 80×50 布面油画 2012

张文惠 雨后 80×60 布面油画 2012
张文惠 碛口 53×65 布面油画 2007

张文惠 维族老人之四 80×50 布面油画 2011

张文惠 青岛写生之五 60×70 布面油画 2009
张文惠 周公馆 80×60 布面油画 2009
张文惠 老藏 100×70 布面油画 2012

张文惠 寂静关城 50×60 布面油画 2006
张文惠 西陵鸡舍之一 65×80 布面油画 2009
张文惠 后窑村的秋天 80×100 布面油画 2012

张文惠 正午 60×80 布面油画 2012
张文惠 右玉古城 60×80 布面油画 2012

中国油画院赴西班牙临摹活动已经结束，这是西班牙普拉多博物馆自1920年以来接受的最大临摹团队。包括杨飞云、陈丹青两位老师共19人，行程18天。此次临摹活动引起了西班牙媒体的广泛关注，西班牙中央电视台等媒体作了拍摄报道。新华社驻欧洲记者站也闻讯赶来采访。在临摹其间更是有幸见到了仰慕已久的西班牙画家洛佩斯先生，并且能够亲自与他面对面交流请教。洛佩斯先生对当今写实油画的清晰认识使我们有茅塞顿开之感。可以说

这次临摹活动十分圆满。对我而言，回想此次活动，感受最深的还是临摹原作。这是我有幸第一次真正面对大师原作临摹。跟我以前临摹印刷品感受完全不同，临摹时你能够感受到作者真正的表现意图，这个意图绝不仅仅是表现某个故事或者人物。它更接近于画家的审美感受和审美要求，以此最终实现画家更高层次的精神追求以及他不断使用绘画手段一步步完善、接近他要表达意图的过程。这一过程层层剥开，充分展现在你面前。当你的笔追随它

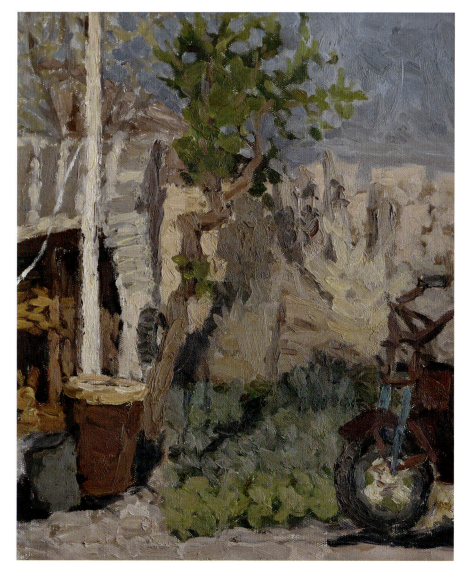

杨斌 画室 100×80 布面油画 2011
杨斌 水缸 47×38 布面油画 2012

的时候。你会感受到大师最终留下的每一笔都是非常明确、肯定的。每一笔也不只是停留在表面的结构或形体，更重要的是艺术内在的蕴含。即使我们再次临摹也感觉到很困难，当你反复临摹反复修改的时候，你才能真正地感觉其奇妙无穷。

我临摹的是提香的作品《亚当夏娃》和《耶稣下十字架》。虽然古典绘画没有印象派之后的绘画具有对客观色彩的精确把握，但同样可以将色彩的美发挥到极

致。非常整体而又厚重的几个大色块构成了画面，而同时又具有微妙的色彩变化。尤其色彩黑白运用的精彩，画面中间黑色的树干不仅分割了画面，同时使画面增加了层次使之更具厚实的油画感，等等。这些都是我之前视而不见的，油画真的有如交响乐一般丰富。坦白讲古典油画更丰富，它可以将题材、故事、人物等这些绘画以外的因素同构成、色彩、黑白等画面之内的因素结合，到达近乎完美的结果。回

想起塞尚早年反复临摹普桑、巴尔蒂斯学画时，画家波纳尔告诉他不必到学院，直接到博物馆临摹向大师学习可见此言不虚呀。写到这里不免想啰嗦两句，我们中国很多油画还是太注重题材和形式，在很多更重要的问题上显得无力同时缺少反复推敲。很多作品单看色彩、造型都不错，但似乎缺少点什么。忽视了很多技术之外支撑画面的重要因素。也许这就是经典与一般的区别吧。

杨斌 静静时光 160×145 布面油画 2012

杨斌 黄昏 30×20 布面油画 2006
杨斌 右玉 39×46 布面油画 2012

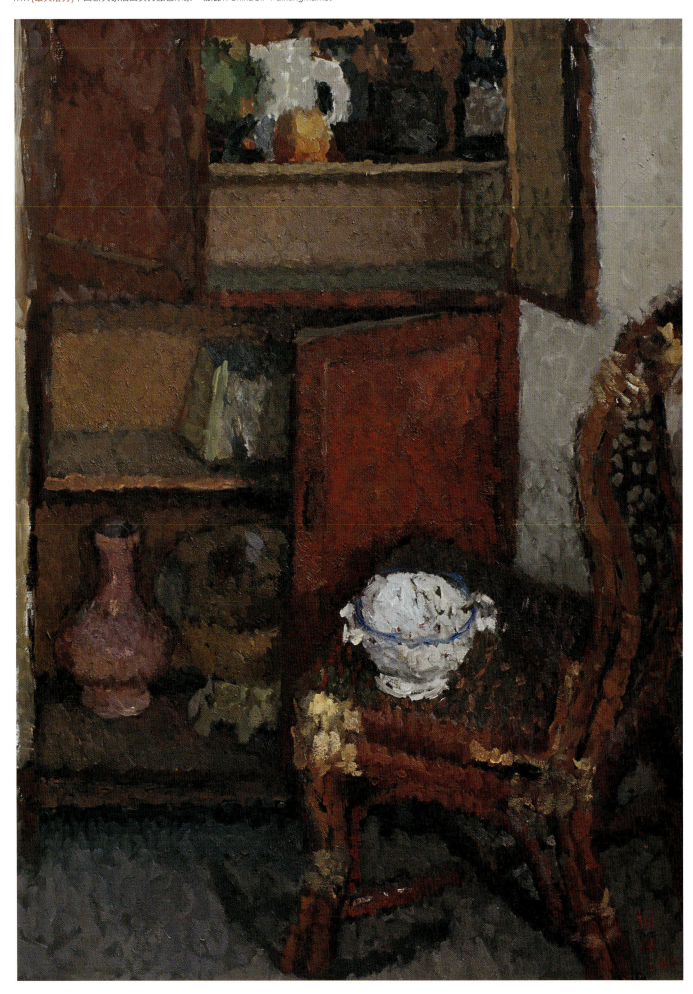

图片不能替代写生

文/杨斌

达芬奇曾经说："绘画是自然界一切可见事物的唯一的模仿者。绘画的确是门科学，并且是自然的合法的女儿，因为它是从自然中产生的，为了更确切起见，我们应当称其为自然的孙子，因为一切可见的事物概由自然生养，这些自然的儿女生育了绘画，所以我们可以公正地视绘画为自然的孙子或上帝的家属。"开普勒于1604年把眼睛描述为"一个具有聚焦特征的透镜截的视觉系统"。他把透镜的视觉系统定义为如图画一样的"视网膜形象的构成"，在意大利和北方国家，像暗箱(camera obscura)这类的装置，已经使用了几个世纪，再现类似视网膜成像的形象。这是最可能接近现实的形象，它们事实上是模仿视网膜形象用手工描绘出来的其他形象的表征，是建立在透镜、暗箱、眼镜和显微镜基础上的表征。人们在荷兰绘画中感觉到的奇怪的"静止感"，是观者的眼睛遭遇实际模仿视网膜形象的景物时的记录。荷兰绘画更像是60年代和70年代根据投射在画布上的彩照而精细描绘出来的"超级写实主义"的作品，而不像文艺复兴以来意大利制作的艺术。

现在科技更加发达，人们无需复杂的工具，直接使用图片就可以了。人们不再直接参与写生，已经是公开的秘密。但是，现代摄影也不可能取代绘画。英国摄影家杰夫里在其著作《摄影简史》中写到："先驱们从一开始就发现自己面对着一个严肃的问题——他们所使用的这一媒介的自动性。在当时以及后来，摄影都被视为一项发明，更确切地说，是一种发现，一种对大自然记录它自身影像能力的绳勺发现。那些用于描述此种新字眼便反映了这一点，相机、摄相机摄取的的影像被称作'阳光日光画'，被说成'自然的手印'。如果说早先的美术形象是人工的、创造的，照片照

则是自然得来的或捕获的，就像在野外采集到的标本一样。"摄影作品完全不同于绘画作品。他们互相不可替代。

"画家寻求逃离摄影的阴影，而印象派是首发难者，当印象派画上颜料之后，使能脱离素描草图的框架，并且，就某种程度而言，也就逃脱了摄影器材的竞争。"现在很多人对写实绘画理解比较肤浅，认为写实绘画就应该像照片一样，其实这是一种贬低。

有一种对写实油画的误解，认为写实油画就应该像图片一样，几乎可以乱真的油画。的确，现在有很多人在照图片抄袭，画的非常之细致，似乎这样很有技术含量。其实不然，学过几年画的人自然明白，我在此不想赘述。有一点值得注意：在其抄袭图片的同时，自己的绘画才能也一点点消失，就好像一颗幼苗还没有发芽就已

经被扼杀掉。但是似乎有一个好处，画家自身的缺点也同时被掩盖了，别人不会从他画中看到，直到有一天他面对大自然写生的时候。

图片永远不能代替写生。绘画之所以有巨大的魅力，就是它永远有无限的可能，让我们可以自由创造，而不是通过抄袭图片讲述不同的故事。抄袭是不能代替绘画的，就像相机永远代替不了眼睛。

杨斌 窗边风景 120×90 布面油画 2010

杨斌 花池 33×41 布面油画 2007

杨斌 盖房子 46×33 布面油画 2000

1976　生于内蒙古包头市
2001　毕业于河北师范大学美术系,获学士学位
2001　至今任教于石家庄铁道大学建筑与艺术设计分院 讲师
2011　获中国艺术研究院中国油画院硕士学位导师杨飞云先生

展览与获奖:
2007　作品《阳光下的拉卜楞寺》应邀参加中国宋庄艺术节开幕式
2008　作品《消防车》入选中国美术馆"寻源问道"油画作品展
2008　受台湾山艺术基金会邀请《小街》《阳光下的拉卜楞寺》参加在台北举办的"杨飞云师生作品展"
2011　作品《静物》入选第二届"挖掘与发现新人展",获优秀奖
2012　参加由中国油画院举办的"心灵与诚实—学术交流展"
2012　受深圳市政府应邀参加"深圳文博会"
2012　参加"天天向上—筑中美术馆2012年度名师提名展",杨飞云老师提名
2013　参加寻源问道•艺术凤凰—中国油画学术邀请展

学习与考察:
2009　跟随杨飞云先生一行赴法国、西班牙考察
2010　跟随杨飞云、陈丹青先生一行赴俄罗斯进行为期一个月的写生与艺术考察
2012　跟随杨飞云、陈丹青先生一行赴西班牙进行为期20天的在普拉多博物馆临摹大师原作的学术活动

发表与出版:
2008　作品《卡车》《小街》《拉卜楞寺》入选杨飞云师生作品集《寻源问道》
2008　作品《消防车》入选杨飞云师生作品集《寻源问道》
2011　《静物》入选《挖掘与发现》作品集
2011　接受《中华儿女》杂志专访"在静物中看见风景——杨斌访谈录"
2012　作品收入《中国当代经典油画》

杨斌 搪技 145×160 布面油画 2013

韦曦与杨斌的对话

——杨斌访谈

时间： 2011年3月
地点： 北京 杨斌工作室
采访人： 韦曦
受访人： 杨斌

我们进门的时候，杨斌正在画画，模特是他的妻子，静静的坐在摆有果盘和咖啡杯的桌子后面。

韦曦： 你妻子也画画吗？

杨斌： 她不画，她以前是学音乐的。

韦曦： 你好像也喜欢音乐？

杨斌： 很喜欢。艺术都一样。你呢，喜欢谁？

韦曦： 嗯，巴赫。

杨斌： 好啊，听来听去巴赫还是那么厉害，后来这些古典派、浪漫主义、现代派，都挺好的，但回去听巴赫，还是那么好。平均律那种音乐很厉害，有宗教的因素，有人的因素，伟大。

韦曦： 你喜欢谁的版本？

杨斌： 古尔德的版本太好了，人本身也特有气质。看DVD就发现，音乐家和画家是两码事，音乐家举手投足真是有气质。还有一个就是音乐响起来你立刻就进入了，把人一下子带入到那个状态，这

一点音乐比画强。

韦曦： 对，音乐是活的，在时间里面不断流动，画你还要去看它，音乐自己会跑到你耳朵里来。

杨斌： 莫扎特任何时候都适合听，而且他其实挺朴素的，感情平实，没有贝多芬那种激烈的感觉。但你听肖邦，有时候会沮丧。我不懂音乐，乱说。

韦曦： 什么才叫懂呢，感受到了也就是懂了。你很敏感，听出莫扎特的朴素，肖邦的沮丧，很对。我有一段晚上睡不好，想听听肖邦的夜曲，结果和你一样，很沮丧，特别是听到他晚期那几首，越听越沮丧，沮丧到天亮。你是第一个

和我说肖邦的沮丧的人。

韦曦：我记得你静物和风景画得比较多。

杨斌：是，好久没画人了，昨天突然想画，才铺完第一遍，前段时间一直画静物，墙边有两张。（说话间，杨斌搬出来几幅作品）

韦曦：色彩很漂亮，而且沉着。这么大篇幅的静物画，要画得不空，挺难的。

杨斌：对，有点放大了，比原物要大很多，挺吃力的。

韦曦：画了多长时间？

杨斌：这张有半个月了，不是每天都画。平时画了很多小的，大的也就一米四、一米六左右，这个是一米六。画大幅的静物画，又要画得不空，我想，要先把结构布置好了，然后让笔触有组织，色彩有关系，画面有一种氛围，可能就会不空了。

韦曦：对，画面才能成立。

杨斌：我也不是刻意画那么大，不知不觉画到这么大，可能是老在静物里转，小的画多了，不过瘾，换大的画画。我前面有一段时间画风景，也喜欢画，但风景变化太快，我画得也挺激动，大色块，大笔触，可能表面效果还不错。但我觉得画一幅画，要是只停留在印象，还是不够的，还是要往里再进一步。怎么往里走你就要真正去研究。风景在户外，受天气、光线的影响太厉害，风景很快就变了，你得快，可能就只有一上午，下午你都画不了。所以对我来说，画风景不适合深入研究绘画的原理，但静物没有这个问题，静物可以慢慢来，一点一点画。

韦曦：嗯，风景写生比较即兴，有很多绘画问题不能解决，要从别的方面来解决，所以你回到室内画静物，可以坐下

杨斌 长原 60×90 布面油画 2011

杨斌 老椅子 35×27 布面油画 2012

来慢慢琢磨，等有了足够的积累，然后再回过头来画风景，同样是即兴，但层面会不一样。

杨斌：对呀，风景写生看似简单，甚至细节都不深入，但要在简单里有东西，有内涵，绝对靠积累。2008年我第一次出国，去西班牙，在一个基金会的画廊，里面有很多画，我看到莫兰迪的时候眼前一亮，确实很高，他真的没有细节，但是在那些画里面特别地扎眼，虽然都是大师的作品，但他的就是独树一帜，而且品位极高，原作真是看着不一样，给我感受特别深。

韦曦：莫兰迪画得厚吗？我看他的画册，好像挺薄的，也不大。

杨斌：不算厚，很小，就这么大点，几个色块。但是莫兰迪这种人强在哪里，他把不需要的因素全刨掉，最后留下来的特别好，强烈，了不起。很多人要是不画细节就不成立，软了，不行了，但他省掉细节反而达到了，我印象特深。他

喜欢塞尚，可是他和塞尚太不一样了，他就画瓶子，刷个漆，来回画。

韦曦：从这些作品上看你很喜欢维亚尔和波纳尔。

杨斌：好眼力，很喜欢。杨老师就说让我多看看这两位纳比派大师的画册，后来2008年去西班牙，然后去年去俄罗斯，我就重点好好看波纳尔、维亚尔的画。

韦曦：俄罗斯当年的贵族富豪在巴黎收了好多画。

杨斌：对，他们是最早收藏印象派的一拨人，马蒂斯的代表作也有不少。

韦曦：你跟随杨飞云老师学画，为什么不走古典写实的路子，那学起来多方便。

杨斌：其实我以前也是按写实的路子走，走了挺长时间，但杨老师觉得它不适合我，不断地在提醒我找自己的方式，他就说你要从色彩和厚重感这方面发挥，不要画很细的那种，我也是慢慢

才扭转过来，明白过来，这样画了一段时间。

韦曦：上回见你，你说喜欢高更。

杨斌：对，高更，塞尚我都喜欢。说起来我非常喜欢塞尚，他涵盖了绘画很多的原理，他就好像是古典绘画最后的综合。

韦曦：说得非常对，塞尚好像很现代，我们都说塞尚是现代主义之父，但其实他非常古典，是集大成者，他其实想回到普桑，回到过去，做得很本质，结果他开启了现代主义。

杨斌：他这个原理挺重要的，所以我一直在琢磨他，但像塞尚那样画画特别难。

韦曦：你觉得难在哪里？

杨斌：塞尚的画很理性，可是你再看，好像他又很感性，力量特强，他画的时候绝对是头脑非常清醒的。你看塞尚用笔特别有力，他极其理性，画出来的东西构成好像无懈可击，了不起的还有他

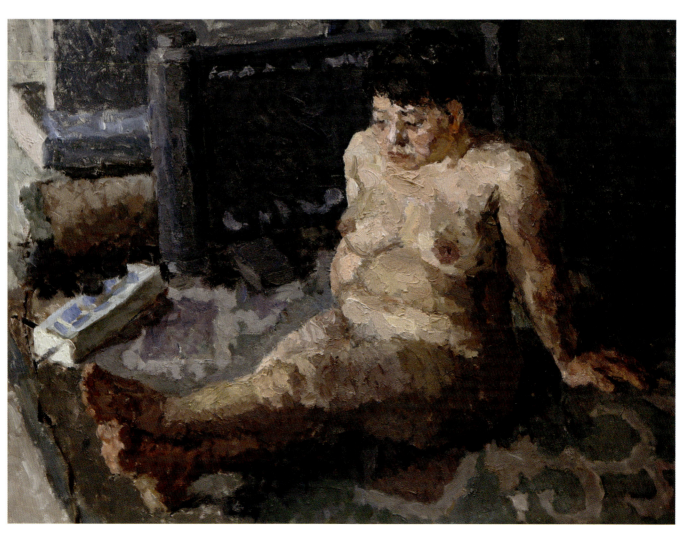

的感觉极其稳定，结构的稳定感太强了。有一段时间，我试图用塞尚的那种方法去画，我还特别羡慕他的画风，但是我发现不行，因为我特别感性，没那么理性，学也学不像。

韦曦：你的东西，理性的成分是有的，不过确实更接近纳比派。中国人学写字画画，有读和临两种，你对塞尚，类似"读"，对波纳尔、维亚尔，是"临"。

杨斌：对，我主要还是读塞尚。他的画面构成你一点不能动，他那个理性最后好像是，怎么说呢，他是特正的一个，不偏的，没情感的，好像他没有一点自己，就是纯绘画的东西。

韦曦：就好像是原理本身，所以说他是纯绘画。

杨斌：对，已经是那种东西了。后来的巴尔蒂斯也是用的塞尚的结构，莫兰迪也是用的塞尚的风格，但是他们都好像是自己的主观和情感的东西。塞尚自己就是一个原理，这个特别难。

韦曦：我大概能理解你。你刚才说的就是塞尚那种构成的稳定性，他是古典的综合，他的构成观、整个思路和原理还是古典的。塞尚可能画得不像安格尔、达维特那样细腻，但是他整个构图的宏大气息是古典的。你的东西呢，你毕竟是个现代人，在构图上你可能不会去追求那种古典主义的布局和它的感情。你的构成，你的角度，其实像蒙德里安、维亚尔的那

类型，再加上一部分莫兰迪。

杨斌：我就是试图让它能成立，有一种构成上的稳定感，传统现代我考虑的不是很多。

韦曦：你可能并没有考虑，而是你感觉得到塞尚的整个气息是古典主义的，然后你自己的画其实还是倾向于现代的东西。

杨斌：对，现代人还是表达现代的东西，但是古典的厚重和稳定我很喜欢。

韦曦：你的色层还是挺厚的。

杨斌：要厚。厚重感还得反复画才出来。我画得慢。我是画画停停，想想，再画。可能画画这张再画画那张，回来再画这张。因为我还不是纯客观的，还得自己来调整。

韦曦：看这些静物的用笔，还有色彩，我觉得你应该也多画风景。

杨斌：嗯，我以前只喜欢画人，有一回一连画了几幅风景，感觉还挺好的，然后就画了一段时间，现在静物画得比较多。

韦曦：那你画静物有多长时间了？

杨斌：一年多，几乎只画静物。

韦曦：你想通过画静物找到适合自己的方法，然后才回过来画人？

杨斌：对，我是这样想的。我是觉得通过画静物或者风景找到自己的方式之后，再画人物会更明白，这是一个过程。最近一年画静物，其实就是让自己找到一个研究的对象，通过研究找到自己的方式，所以我就是画静物，摆静物。

韦曦：你有没有觉得摆静物的过程就是在创作？摆一组静物，你的趣味全都在那了。

杨斌：对，摆很重要，不是摆一个好看，首先是摆结构，然后挺激动地画。

韦曦：你还是挺有勇气的，本来画写实的人物，突然换另一个方式，而且从静物开始，从头再来，花几年的时间，可能很多人都做不到。

杨斌：有时候也很苦闷，不知道怎么画，强调绘画的品质，所以更难。但是你突然感觉到你从心里就要学画画，以

前的东西也有用，不是全没用，是重新认识。还得学还得看，欧洲博物馆里的画，我就感觉和中国油画的思维真不太一样，挺抽象的。你看画一个人或画一个东西，很实在的东西，其实你思考的时候是抽象思考，你画出来之后，人家一看觉得油画挺写实的。其实国画也挺讲究这些，这种东西可能难，画画有意思，还真是在这里。我记得巴尔蒂斯接受啸声采访有一段话，他说，你们中国的书法，特别高，是美的规律，是最高的东西。我觉得这个说得特别好。

这时候一只小狗自己推门进来了，在画室里到处转，像熟客，最后趴在我们脚下似乎也要听听我们在说什么。

韦曦：你以前的画是什么样子？

杨斌：画得很细。周围很多人都往细里画，我也老想着往细里画，但其实没必要那么去比，还是根据你自己的情况走，要找自己的方式。学生一开始都不太容易理解，慢慢的才能开窍。很多人

觉得油画院就是教古典，教一些绝招，其实这里是教方法、规律和语言，而不是去强调你属于古典还是现代、具象还是抽象。我以前自己画画，特别仰慕古典，对荷尔拜因、丢勒极其喜欢，一心一意就是学丢勒，也非常喜欢他们，老希望自己能够像他们，但想象自己是什么样和自己实际是什么样其实太不一样了。

韦曦：对，你喜欢什么不等于你就是什么，会成为什么。

杨斌：后来我也感觉到我不适合那种严谨得到了苛刻的地步的极其理性的那种画，特别苦闷，这时候就认真地开始看塞尚、维亚尔、波纳尔。

韦曦：在你非常崇拜荷尔拜因和丢勒的时候，应该也知道塞尚这些人，但

对他们没有反应。

杨斌：知道是知道，但没往那方面想，和自己没对接，就一心想着古典。后来，在一个讲座上听杨老师讲塞尚，放的幻灯片有在欧洲的博物馆拍回来的塞尚作品，我突然发现塞尚原来这么好，和看画册完全两码事。再后来，真的去了西班牙看到原作，和图片差别太大了。我就感觉好像理解了。

韦曦：你这张静物的笔触和色调让我想起毕沙罗。

杨斌：是吗，我很喜欢毕沙罗。

韦曦：那几块紫灰色很毕沙罗。

杨斌：美术史上，没有毕沙罗就没有塞尚，而且他画得很结实。我这个还得再画，让它更结实、厚重、概括。我现

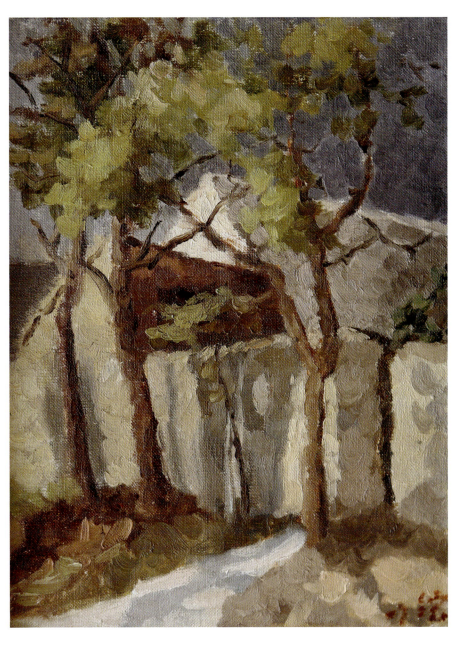

杨斌 夏日首钢 54×73 布面油画 2012

杨斌 三棵树 35×27 布面油画 2007

在感觉到还是需要在空间、结构、构成这种方面要多注意，还要有美感，最终还是强调画面的美感、厚重感。

韦曦：这张画比较大胆的地方是鲜花都在影子里，反而椅子上有几道强光。

杨斌：我就是感觉那地方要画强。逆光挺难画的，很多颜色差距特大，调色时觉得对了，画上去之后又感觉不对，还得反复调整，再和谐一点。

韦曦：这张有一种亚光的效果，你有没有尝试过别的材料，像干酪素之类。

杨斌：嗯，干酪素是亚光效果，有点灰，我也挺想尝试的，因为巴尔蒂斯就是用的干酪素，他其实是古典但又特现代，美感表达得很好，特有修养。我不想刻意地弄出巴尔蒂斯的色层和肌理，我就想画，堆上去，慢慢的，一遍一遍画，这样自然吸油的亚光效果。

韦曦：你这个说法很有意思，不喜欢刻意的画得很厚，而是要一遍一遍地出来。

杨斌：效果这个东西，还是要节制。我觉得画画不要故意去弄出一个什么样好看的效果来。其实很多大师，效果是内在的，不是造出来的。他是在观察物象观察人的时候，他不断地画，体会，然后不断地形成效果，而不是刻意地做出一个好看的效果。

韦曦：对，他不是刻意想要肌理效果，而是在画画，在表达，他要不断地寻找，不断调整，不断感觉，最后的东西自然带有心理的过程。

杨斌：对，是因为一遍画不到他才去画第二遍、第三遍，他总觉得表达得不够，之后积累出来的效果，不是说要搞个表面的肌理，搞个图形，然后涂点色，做一个样子。无论是学哪个大师的，最后还是得用自己的方式表达出来。

韦曦：风格不是学出来的，是在写生中，在表达中形成的，他要表达，要把话说出来。

杨斌：其实画画就是你有话要说，你在运用规律去表达的过程中不断发现自己。比如你喜欢马蒂斯，你要直接按他那个来，那是抄的，是假的风格，跟你一点关系也没有。这个东西和你的情感完全两码事，就像我以前喜欢荷尔拜因，丢勒，我也可以学着那么画，但是可能只是一个表面的效果。

韦曦：图式而已。

杨斌：所以那没用，结果还是两手空空，什么也没得到，跟你一点关系都没有。我有一个阶段就是模仿波纳尔，模仿其实是你要琢磨人家怎么观察，怎么表达，开始我不太能反应过来，就是表面模仿，觉得用笔确实跟我的方式差不多，模仿一下。模仿半天觉得挺像，但杨老师说不行，我就很苦恼，就翻过头来，继续画细，也不行，特难受。

韦曦：以前画细的否了，后来学波纳尔学的很像也被否了，够你难受的。

杨斌：那段时间杨老师常常问我们：大家画画为什么？什么叫好？为什么这么画？比如说梵高那也是好，委拉斯贵支也是好，风格都不一样，为什么他们都好？他们在什么地方打动你？所以首先是你要表达什么，你为什么画画。这个坎你必须自己迈过去，后来我就自己出去画风景，什么干扰都没有，想画就画，不想画就放下。风景和静物就这样画了很长一段时间，心情也轻松，但接着再画下去，我开始觉得静物挺难的。

韦曦：为什么？

杨斌：比如说咱们摆出很好看的一组静物来，水果，盘子。如果停留在再现的层面，也就还好，但如果你赋予他一个东西的话，太主观了，也不见得好看。我试图找到一个既真实，但还不仅是这个的东西，就是它怎么组合起来，有一个构成的美感和线的美感，形的美感，或者是颜色与颜色之间的、结构与结构之间的美感。这可能比再现一个东西要更重要一点。静物放在那儿，不动，所有的因素它都有，你可以不断的研究，比如说美感，画面的构成，你可以研究它甚至创造它。

韦曦：你刚才那个词很好，"创造它"。你喜欢在主观和客观之间把握它。

杨斌：哈哈，它可能还是那个东西，你

可以试验，可以不断地去探索，要有意境。

韦曦：我们看看你的风景写生吧。

杨斌：我喜欢画写生，画风景挺激动的，而且风景本身，阳光啊什么的，天地，物，自然就有结构，我可能就喜欢这种结构，然后它又有很动人的东西。

韦曦：杨老师怎么看你的风景？

杨斌：他挺喜欢，也挺支持的。芃芃老师，李贵君老师也鼓励过我画风景。

韦曦：想过要卖吗？

杨斌：没认真想过，我的初衷就是通过风景和静物来寻找适合自己的画风。不过，我没想到第一个问说要买画的也是画家。但我不好意思卖。

韦曦：你的风景和静物，很像，风格开始走向稳定了，已经开始有一种节奏了。

杨斌 废弃的老幼儿园 40×50 布面油画 2011

杨斌 村口 35×27 布面油画 2006

杨斌：这还是在画风景的过程里形成的，但我不希望过早形成稳定的风格。我那时研究了一段波纳尔和维亚尔，加上自己写生，后来就形成了这种你说的用笔的节奏。有些人画画，他的第一反应是造型，我的第一反应是结构和色彩，我对这个感兴趣。以前我可能重视小的形体，比如人物表情，质感，很丰富的那种，现在我就把这些都扔掉了，就留下结构，大的色彩关系，把它画和谐，其他的东西我都给它放掉。为学日益为道日损吧，慢慢的扔掉一些东西。现代很多画家也是丢弃了很多，比如巴尔蒂斯，他就不再追求人物表情，个体的特点，甚至于细节也没有了，因为他不需要，他画面里所表达的东西不需要。我试图往这上面走，在不断探索，想得挺多，实验也挺多的，希望能够更成熟。

韦曦：扔的过程要经过很长时间吧，这个还是挺痛苦的。

杨斌：挺痛苦的，因为在这个过程里你不自信了，你突然觉得你画不成一张画，一张完整的大家都能认可的画。

但画一个这样大家都说好、标准化的画，对我来讲，这是非常错误的，我还是得找自己的方式。我觉得画面的结构是超越物体本身的，就是你画一个人一个物，总是停留在一个人一个物上，那不是最重要的，重要的是它们怎么组成一个结构，不是强调它是水果还是人。结构的美感是最重要的，这样你自然就要扔掉一些东西，这对我来讲很关键，以前就扔不掉。由于你学了很多，但是不是对你都有用呢？画一个苹果，画出它的质感、光泽，对有些人是有用的，但对我来说我要扔掉这个才能找到自己，我要是把所有的因素都放在一起就麻烦了。

韦曦：我很喜欢你的风景，有空你还是多出去画风景。

杨斌：当然，画画风景画静物，画画静物再画风景，每天看它们，心情都很好。

韦曦：画过一段风景，回来画静物，或者天天看静物，突然出去画风景，这中间顺畅吗？有没有一种重叠，就是风景和静物之间的重叠？

杨斌：会有一个过渡，比如我刚画风景再回来画静物，静物都快画成风景了，但也挺好，有一种互动，我没把它们分开看。

韦曦：那就是重叠，你是在静物中看见风景，在风景中看见静物。对了，在风景中看见静物，这就是我看你这几幅风景时感受到的诗意。

杨斌的画风，来路端正，毕沙罗的丰富沉厚、纳比派的感性直觉、赛尚与莫兰迪的结构及形而上意味均是他力所追慕的。

近年，杨斌钟情于风景和静物，以风景画尤为出色。他的风景写生与对象若即若离，其即，在于景物俨然；其离，在于风景之中蕴含形而上之意味。所以杨斌作品所透出的诗意是双重的，第一重，是风景予人的诗意；第二重，是人赋予风景的形而上的诗意。

他在风景中看见静物。

孩儿一起玩，无忧无虑的! 非常快乐!

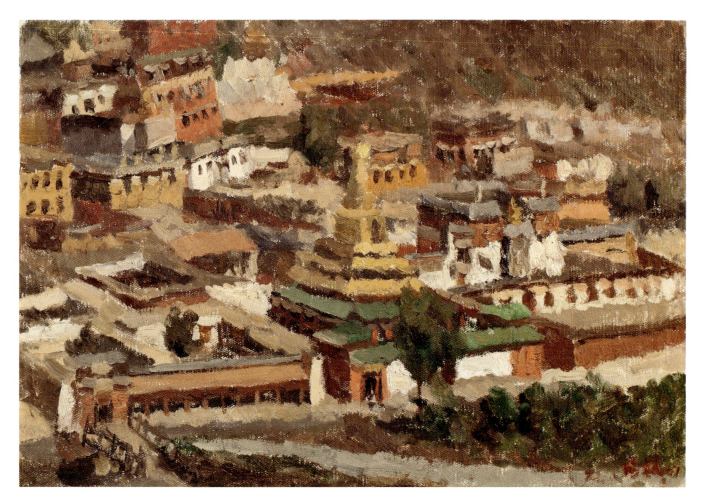

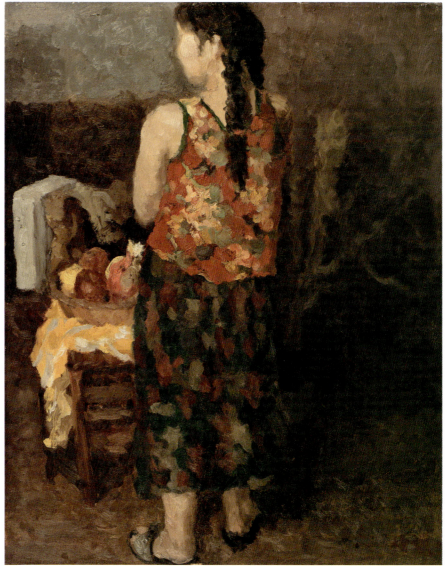

杨斌 阳光下的拉卜楞寺 45×60 布面油画 2007

杨斌 农家院 38×46 布面油画 2012

杨斌 背影 60×50 布面油画 2007

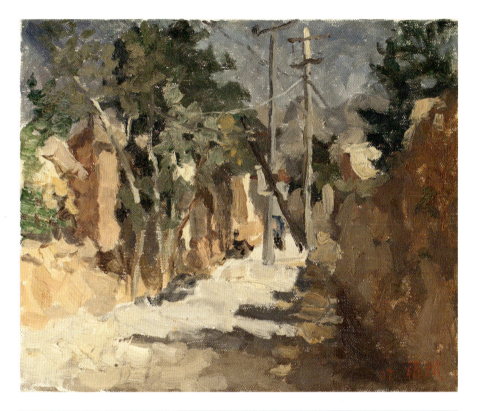

杨斌 四个瓶 150×100 布面油画 2010

杨斌 小路 40×50 布面油画 2007
杨斌 白百合 60×50 布面油画 2011

中国写实画派2012年展

写实绘画是一种表现力

文/杨飞云

写实绘画表现人和自然的和谐,最直接地切入情感。文艺复兴时期的画家伦勃朗、米勒等历代大师以现实生活中的人性表现神性。优秀的写实油画似交响乐般的丰富、宏厚、深刻、博大。经过几百年的发展,写实绘画要求包含绘画的全因素,其材质和语言具有其他绘画形式无法替代的直接的美感、强悍而无懈可击的表现力。

在当代,写实绘画中的影像记录功能与事件记录功能被其他新的艺术形式取代,使得当代写实绘画回归到绘画的本体,不再强调故事性、叙述性和记录功能,而是强调绘画性、审美性和精神性。塞尚之后,世界绘画主体走向了现代、后现代。但西方一直不乏一流的具有创造力的世界级具象写实大师,例如德朗、莫兰迪、巴尔蒂斯、怀斯、弗洛伊德、洛佩斯、阿利卡、大卫•霍克尼等继承传统艺术,回到绘画本体的艺术家,他们的具象写实绘画达到了经典水准,为美术史作出新贡献。

写实是中国油画创作与教育的主体,写实油画既补充中国传统写实绘画与理论的空缺,也发挥出巨大的社会作用,特别是在中国的近现代文化格局之中影响深远。

油画是为了表现真实而发明的,它的技法跟写实有紧密关系。中国的油画教学由写实入手,写实的训练是油画家获得绘画能力的必由之路。写实绘画必须具有相当难度的表现技巧、捕捉能力、把握能力及提炼概括能力,因此写实绘画也是检验画家的观察和才能的试金石。写实不是目的,是一种强有力的表现手段,伟大的艺术需要高超的技巧,但技巧不等于艺术,技巧只是一种表现能力,技巧永远是精神追求的工具,高超的技巧是为了表现伟大的内涵与伟大的境界而存在与发展的。

写实绘画雅俗共赏,亦容易出现弊端。种种弊端正在败坏中国还没有成熟的艺术市场。反过来,不成熟的艺术市场与不重视绘画审美的收藏机构又混乱了艺术的真价值。某些肤浅媚俗、苍白琐碎的作品亵渎了写实绘画的学术名声,某些概

艾轩 寒雾 180×150 布面油画 2012

陈逸飞 高原母子情 6697 布面油画 1990

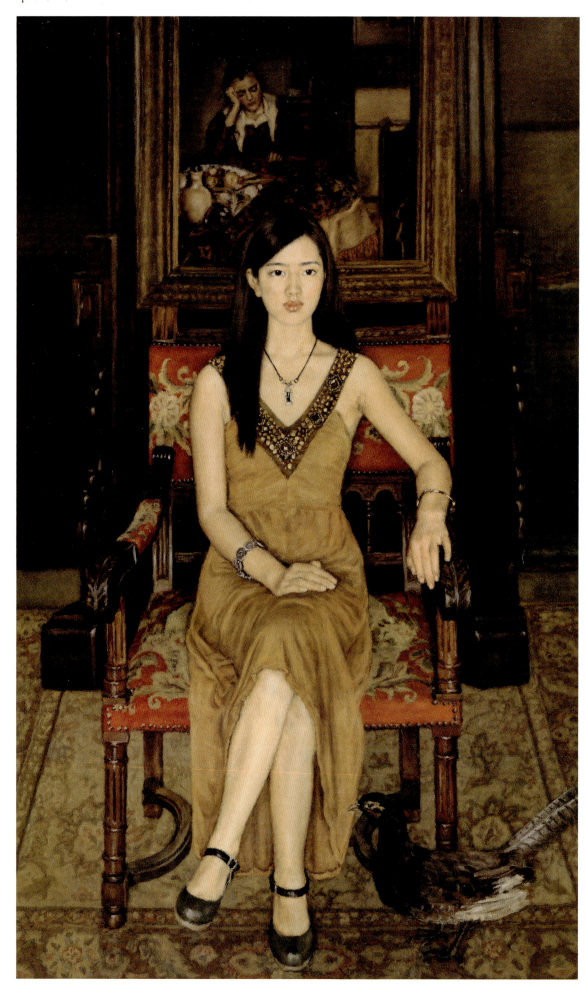

念化符号化的简单形象泛化了写实绘画的学术价值和精神价值。由于写实绘画的诸多技巧元素需要经过长时间的专业训练才能掌握,这使一些画家掉进了技术层面,他们以近乎工匠性的打磨制作来迷惑世人。在科技手段高速发展的今天,人们获取图像异常便捷,大批以复制照片为能事的画家也偏离了写实绘画的绘画性。因此今天的写实画家必须重新研究传统,到自然里去体验观察,去生活中捕捉感动,建立学术理想,追求精神灵性的高度。

百年来,中国写实油画家代代相承,创造出众多经典,对中国文化事业的发展与美术教育事业起到大作用。改革开放以来,中国从事写实绘画的人群之大,热爱写实绘画的社会环境之浓,孕育写实绘画的土壤之丰厚,积累了大量富有才华的艺术家,写实油画的队伍更为壮大。同时,在现代艺术和多元文化冲击下,写实绘画不再是过去单一的样式,出现了古典写实、现实主义写实、抽象性写实、表现性写实等各种表现方式,新时期的写实绘画呈现出一派活跃繁荣的景象。

中国写实画派是改革开放进程中的自然产物,九年来,不断有优秀艺术家参与,由最初十余人发展到现在的三十余人,虽然不能涵盖中国写实油画全貌,写实画派却具有一定的代表性。经过历年的坚持,写实画派已连续举办八届展览,得到学界和社会各界的广泛支持和关注,以及建设性的批评,画派每一位成员在绘画上都得到不同程度的进步,他们正处于生命的旺年,而队伍也越来越壮大,显然是一个有未来的画派。

写实画派中的优秀学术主张、追求绘画的水准与中国油画院宗旨相吻合,中国油画院美术馆迎来了中国写实画派第八届展览,相得益彰,相映生辉。作为画派的一个成员,我很感谢我们的同道能够在油画院学术平台上增加学术视角,丰富学术内涵。期待画派有更大发展,欢迎社会各界善意真诚的关注与批评。

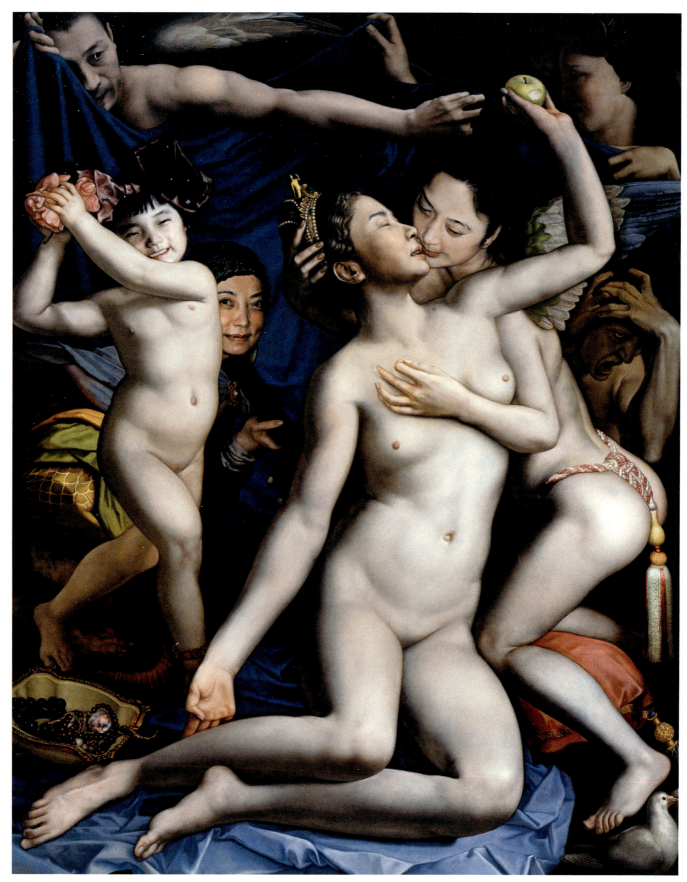

夏星 青春的娇饰 155×144 布面油画 2012

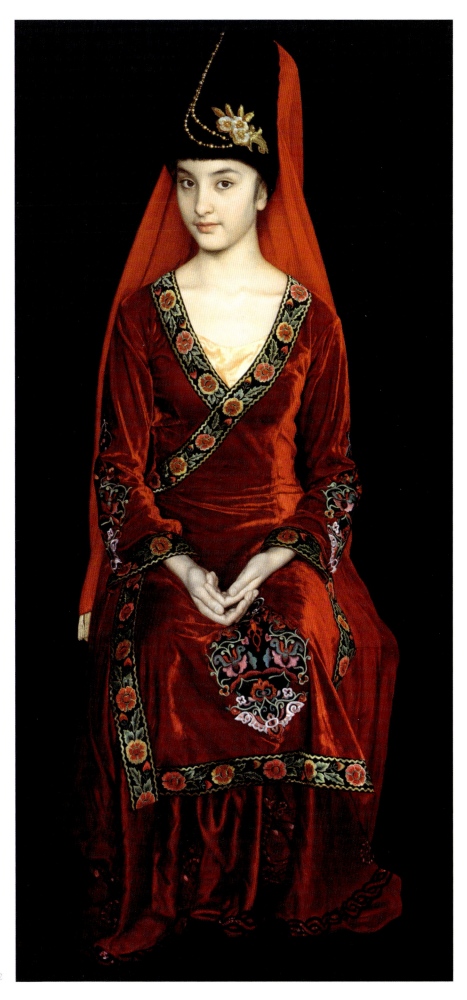

王沂东 盛装的维吾尔族姑娘 120×60 布面油画 2012

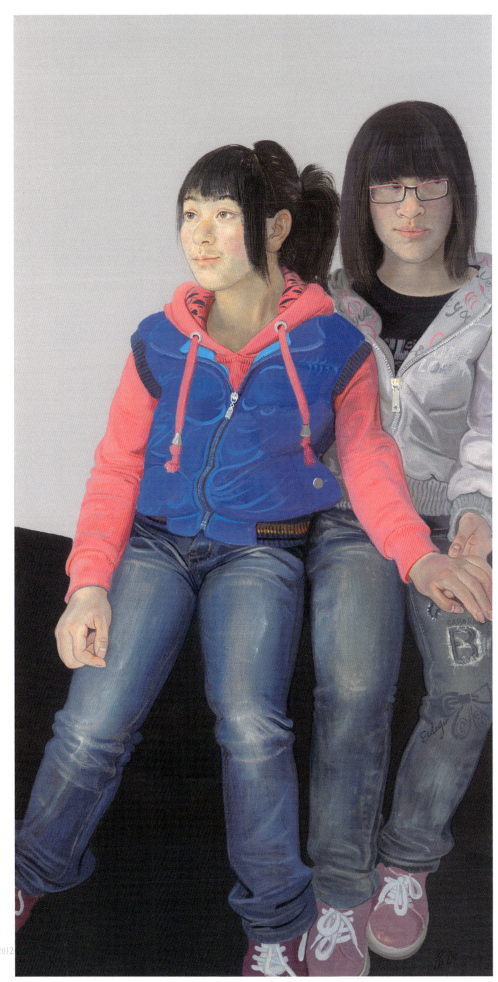

庞茂琨 花季木了之八 100×80 布面油画 2012

忻东旺 歌声 160×80 布面丙烯 2012

冷军 收租院(局部2) 布面油画 2012
朱春林 中秋假期 120×80 布面油画 2012

郭润文 凝视 80×50 布面油画 2012

刘孔喜 青春纪事之十八—你好! 白桦林 (局部)
110×170 木板·坦培拉 2012

刘孔喜 青春纪事之十八—你好! 白桦林 110×170
木板·坦培拉 2012
李贵君 不同寻常 103×66 布面油画 2012

陈衍宁 南窗(局部) 布面油画 2008

陈衍宁 南窗 122×168 布面油画 2008
张利 新 100×80 布面油画 2012

龙力游 摘野果 162×112 布面油画 2012

袁正阳 微风 160×160 布面油画 2012
刘伟 天长地久(局部) 布面油画 2012

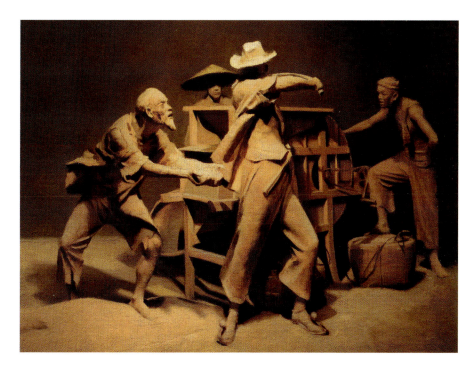

徐唯辛 丰子恺 250×200 布面油画 2012

翎军 收租院(局部1) 布面油画 2012

郑艺 神圣 160×130 布面油画 2012

徐芒耀 旧房里的阿娟 73×60 布面油画 2012
殷雄 犹太人的上海方舟（局部）布面油画 2012
李士进 两个柠檬 35×35 布面油画 2012

再写生，共写意·中国油画名家写生研究展（上）

现实关注与精神自由

—— "再写生，共写意" 中国油画名家写生研究展主题评述

文/孙建平

2002年12月，一群艺术家相聚在武夷山，在大自然面前支开画架，以画会友，切磋技艺……

那时，正逢中国当代艺术市场如火如茶之际，人们忙于追逐名利，急于求成，生怕错过各种机会，一时间艺术成功学大行其道。艺术家心态的浮躁使得艺术感受力急剧退化，忽略艺术修养的积累和艺术直觉的锻炼成为一个较为普遍的现象。人们不再看重面对自然去磨砺艺术感觉和探求"真正属于自己"的艺术语言的表达方式，尤其在进入"图像时代"之后，很多人照搬西方已有的模式，不管是否源自自己的亲身感

悟和真实愿望，也不管与自己的生活、理想和感受是否相关，似乎模仿西方人的样式，直接将图片转换在画布上就可以成为当代艺术的经典了。在这样的潮流之下，这群艺术家们依然热衷于到自然中去寻找真实感觉的返古"写生"举动，就具有了不同凡响的意义。

在之后的十年里，他们的写生活动依然坚持着，并不断地组合，不断地出发，多多少少，大大小小，很多次在不同的地方相会，直到今天。像滚雪球一样，这个群体越来越壮大，并且，方式和规模也推陈出新。他们把大幅画布直接放在大自然的露天"画室"中，在山

间，在高原，在农舍，所有能触动他们感觉的地方都成为他们画面的一部分，他们画喜欢的风景和人物。面对真情实景的写生使得艺术家们受益颇大，他们借此走出有着严谨、刻板创作主题的画室，走出挖空心思、闭门冥想、痛苦挣扎的创作情绪，来到大自然中放飞心灵、激活感觉，搜集更鲜活生动更有生命力的创作素材。有的艺术家的创作甚至就直接来自写生的画面和感悟，成了名副其实的"写生艺术家"。

十年中，这群人在不同的地方碰面时，都常常怀念2002年12月的第一次写生活动，也总有人提议能否举办画展以纪念。这也是这次展览举办的初衷。

2012年底，艺术家们在苏州和武夷山又有了两次聚会，大家对展览的举办兴致勃勃，但对展览主题的拟定却争论不休。在这两次写生聚会中，大家白天画画，晚上长谈，各叙己见，畅所欲言，最后基本达成共识，肯定了"写生"的意义，也明确了"写意"的共同愿望，最后展览主题明确为："再写生"和"共写意"。

再写生，即认可重新写生的当代意义。尤其在越来越图像化的时代，重新面对写生活动能够重建心灵与自然的精神联系。

"完全有必要重新追寻存在的意义"，海德格尔在反思西方的形而上学思想传统时这样说过。既然绘画艺术作为旧有认识论的工具作用已经走到尽头，就需要从本原出发，重新去探寻自然对于人的意义。艺术应重新面对自然。艺术家是用眼睛说话的人，只有在观察自然中提高对自然的感受力和洞察力，并从中发掘出新的形式和意义，艺术才真正有新的希望。

对于自然，现在主要有两种片面态度，一种是忽视自然和艺术的关系，跳过了"师法自然"的过程，直接以各种观念的套用和样式的摹仿为主进行艺术"制造"；另一类艺术家往往孤立地看艺术的形式，从画面到画面，缺乏对外部世界的真情实感，难以想象这种连自己都不能感动的艺术怎么可能去打动别人？古人云："外师造化，中得心源"，"造化"即自然万物，是我们生存的客观世界。自然中存在着各种各样的节奏、韵律和结构，对于画者来说，应该尊重自己对自然的视觉感受，通过心灵的体悟和大量的写生实践，从中寻找出视觉价值和精神价值，来建构自己的画面系统。

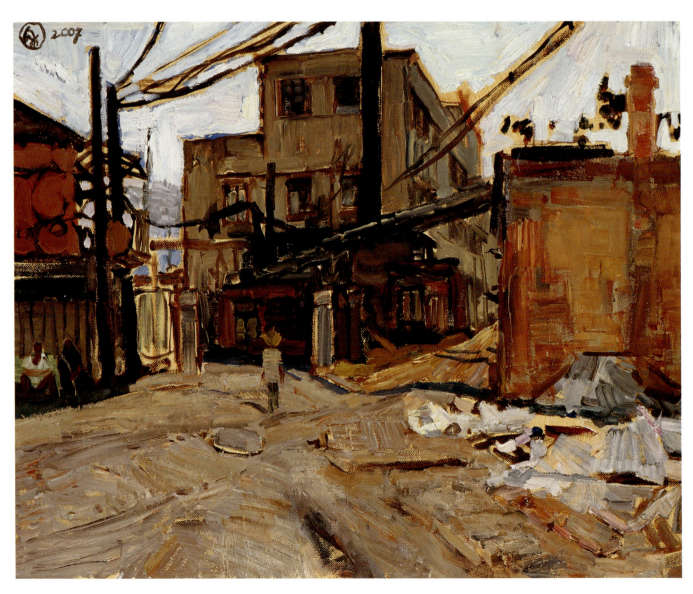

艺术作为人类审美理想的最基本追求，是人类通向精神自由的一个载体。艺术家至少应该充满对生命的思考与热爱，至少要善于从周围的事物中寻找创作的灵感。对于各种美好的、新鲜的、生动的事物，应该多看、多感悟。有惊喜、有感动，有思考，有追问，才有发自内心想要用画笔表现出来的欲望。

"共写意"，在这群艺术家心中还有一个共同的"写意"情结。在面对强势的西方和当代艺术时，文化本能会呼唤传统文化的写意精神。

在当代中国，写意油画已经成为中国架上油画一个重要的发展方向和艺术力量。写意油画，具有东方艺术精神内核和中国本土文化特征，以及艺术家个体的真实文化情性，是问道和殉道的精神体现。一百多年来，油画这一外来画种已真正落户中国，在这块有数千年文化历史的土壤中扎下根基，它必然地融入了当代中国油画艺术家的文化血脉和文化情境。中国悠长深厚的传统文化精神必然会影响到每个成熟艺术家的艺术思想和艺术活动，对创作实践的影响也越来越明显。毋庸置疑，立足于本土文化的当代中国油画艺术家的情操和心志深处，都具有东方艺术精神的

滋养。而这种滋养和影响体现在油画艺术实践中，就是一种循道而弃器的精神吁求，是一种随性由心、主观自由、神形兼具、不拘一格的表达。

关于展览主题的三个区分——写意的不同取向

当我们把这些追求"写意"精神的艺术作品陈列在一起的时候，就会发现，尽管大家写意的情结和志向相近，但由于每个人的出发点不同，艺术背景和所受的文化熏陶各有差别，所以大家对于"写意"也有着各自不同的理解。艺术探索的结果自然也不尽相同，画面中因此呈现了不同的面貌。展览作品的风格整体来说多元并存，但基于求大同存小异的考虑，也为了便于交流、探讨和研究，本次展览将作品分为三个部分：一、理性从容，精神直观；二、解衣磅礴，激情表现；三、超逸忘形，心象人生。

理性从容 精神直观

面对繁杂的自然景物，能够做到简化和归纳，这是一个艺术家最重要的写生能力。

艺术自起源时就是人类认识世界

的一个窗口。通过艺术，原本混沌、混杂在一起的世间万物，按照美的规律、经验和习惯组合在一起，构建出新的审美的秩序世界。这样的关于美的理性思考主导了艺术再现自然的历史。艺术再现自然，从来就不是没有原则的摹仿。它内在的理路是人对于世界和自身的启蒙。从文艺复兴、宗教改革到启蒙运动，人文主义的兴起带给艺术一双理性的眼睛，一个自信的艺术史。然而，启蒙理性对于中国依然是一扇没有完全开启的幕布。从新文化运动至今，启蒙现代性基本停滞，模糊不清的视线望出去，世界依然一片混沌。理性的思考和观看，在今天成为我们非常急迫且必须要迈出去的步伐。经过个体的自觉启蒙，理性的视觉使得艺术家在写生时具备一种穿透的力量，能够从容归纳，详略有序，深入物象的内核，发现自然理性的精神真实，在绘画的直观中见出本质。

在理性从容的整体观照之下，艺术家在写生时能够根据个人的兴趣点，对世界进行艺术简化，注重画面构成，有紧有松，繁简有致，找出艺术节奏和韵律，建立自己的画面秩序。

解衣般礴 激情表现

在写生时艺术家最好的状态，是心无旁骛、完全忘我地抒写性情。

自然变化的无限可能和不可预期，远非在画室中可以想象。写生能够创造一个艺术家心灵与自然碰撞的契机，激发起潜藏心中的激情，能够通过最纯粹的心灵触动呼唤最自由的艺术。现代艺术中注重情感表达的表现主义风格极大地释放了人的性情，中国艺术家们从中不仅能够感受到个体自由的存在，而且寻求到与传统中国写意艺术的联系，回到了自身的文化之中。庄子描述的解衣般礴的逍遥自由，一直是中国

现代艺术家们难以企及的理想。近百年的中国现代艺术史屡经波折，始终未能完整而深刻地实践审美现代性，依然处在未完成的现代性之中。在当代中国，审美现代性仍然具有强烈的现实意义。写生时激起的艺术冲动和情感失控，能够唤醒被各种外衣遮蔽的心灵自由，使艺术和性情回到本真的存在状态。

超逸忘形 心象人生

在自然和性情之外，还有另一个艺术的极点——心象的创造。

心象，顾名思义，是凝结了创作主体"内心"的"视觉形象"。心象的灵魂是人的情思，是创作主体在感悟对象中产生的视觉形象。是艺术家再造的"第二自然"。"心象"是艺术家将自然物象提升到心灵的意识面前，经过内心的筛选、过滤，是艺术家用心灵去感悟、认识对象、把握对象的内心之"象"。所以，

它不受物象本身的约束，这个形"象"是中国传统美学中"不似之似"的凝结了"神韵"的形象。心象世界原本就在心中，它同样需要写生的触动，性情的释放。它希望走得更远，从自然和主体中独立出来，成为一个崭新的审美世界。艺术家的心象中依稀可辨自然的形象，但已然是一个崭新的空间，统一在理想的意境之中。艺术家从自然延伸出去，引发了对人生和社会的整体思考。世界观、人生观这些更为根本的因素，早已内化在心中，构成了基础的心象图景，表征出艺术家的艺术态度和艺术趣味。而今，经由写生，抽象的心象意境反馈回来，与眼前的自然世界同化在一起，成为超验的心象世界。从这里隐约可辨艺术家的创作面貌，透出他们思想的迹象。

写生时刻，已经是创作时刻。对于一个真正的艺术家来说，无时不在写生，无时不在进行心象的创造，自由地运用自己的语言"造境"。

寄予未来——关注生存现实，追求精神自由

其实，我们这些上世纪五六十年代出生的艺术家，属于文化断层的艺术家。由于多年思想封闭，以及民族文化浩劫的经历，在我们这些人的文化架构中，文化的容量已经被摧毁殆尽，尽管我们之中的很多人怀抱文化理想努力恶补这方面的缺失，但仍远远比不上民国时期的艺术家如林风眠、常玉等人的学养。总体来说，当代艺术家不仅对中国传统文化的理解还比较肤浅，对西方现

邱瑞敏 小舟抒情 100×130 布面油画 1996
陈树东 圣地延安　　80×100 布面油画 2009

代艺术和当代艺术的理解也流于表面。

艺术本土化不等于把艺术精神简单地图像化、符号化，而是讲究心象的创造。我们的前辈一直倡导这些道理，但是在混杂无序的社会和艺术背景中，我们曾经迷惑不解。而今，经过上百年的吸收和发展，中国艺术家们已经渐渐熟悉这些外来的形式和材料，并且开始自觉地追求中国气派，自觉地按照自己心灵的需要而发展。可以说，这些年里中国艺术家大踏步前进，取得了令人瞩目

的成就，我们已能感受到这样的欣喜。

艺术家要创造出自己的"心象"，就要修炼自己的"心性"。心性纯正，或是心性媚俗，在画面上都可以反映出来。尽管现代主义的语言探寻在当代中国还有存在的意义，但要真正地进入当代范畴，写意就不能只停留在现代主义的形式语言的"书写"上，还要真正传达出"意"的理念。这其中渗透的"意"也不仅仅是传统文化精神的遗存，更应该面对当代，面对人类共同的理想，应

该有画者普世价值的显现，有对精神自由的追求，有对所生存的这个世界的人文关怀，有对现实问题不漠视、不回避的立场，有对真、善、美价值追求的渴望。艺术更应该是一个艺术家精神情操的体现，这才是"再写生·共写意"展览的本意。

关注人的生存现实和追求精神自由，这是中国当代油画家肩负的重任，也是本次"再写生·共写意"展览寄予未来的希望。

孙纲 岸 60×60 布面油画 2006

杨尧 黎寨炉火 50×60 布面油画 2008
刘建平 慕田峪写生 80×100 2010

崔国强 关中村雪·22 200×80 布面油画 2011
李江峰 自然万象——风起云涌 200×200 布面油画
2011

石煜 窑洞 80×80 布面油画 2007
刘大明 印象武夷一山庄 70×90 布面油画 2012

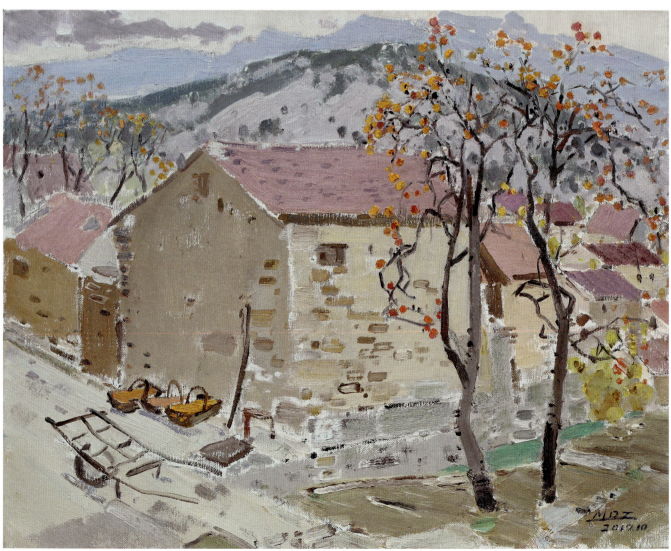

段正渠 右卫南城门 80×130 布面油画 2010

毛岱宗 柿熟季节 81×65 布面油画 2010
孙浩 泽库母子 160×70 布面油画 2012

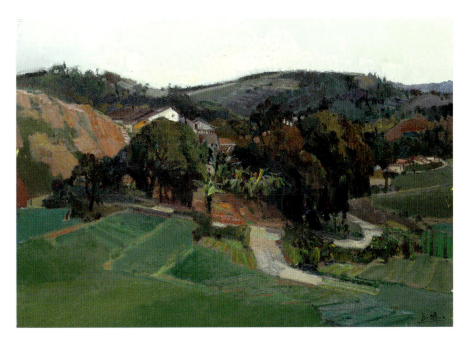

马轲 沙尘暴 133×236 布面油画
丁一林 武昌红楼 100×110 布面油画 2011

王辉 山村六月 120×160 布面油画 2010
王珉 人体 80×120 布面油画 2010

白羽平 额尔古纳村庄 60×80 布面油画 2011
俞晓夫 一个共和理想的殉道者——纪宋教仁先生
轶事180×260 布面油画 2012

砂金 秋野 60×70 布面油画 2001
张立平 麦垛 100×80 布面油画 2012
黄菁 喀斯特田园之三 70×80 布面油画 2012

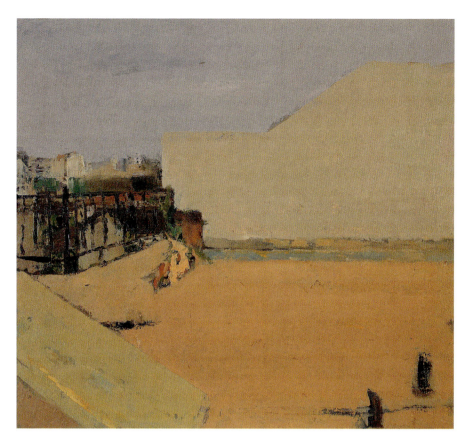

张新权 番茄 50×70 布面油画 2011
任传文 吴哥窟一角 60×50 布面油画 2008

陈宜明 楼顶系列之一 52×56 布面油画 1998
司子杰 肖像 布面油画

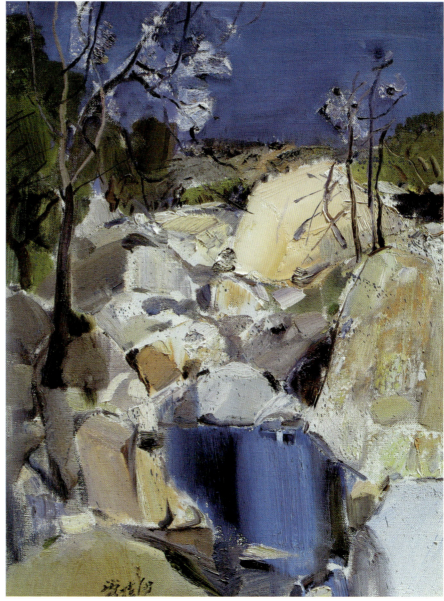

杨诚 秋山戏语 200×360 布面油画 2012
顾黎明 崂山红石坊 70×70 布面油画 2006

姚永 西口古道 50×60 布面油画 2007
管朴学 春水梧桐 90×70 布面油画 2012

化象成境·李江峰油画作品展

李江峰的"田野交响乐"

文/陶咏白

20世纪90年代,江峰的"干花"系列,至今还不时萦绕在我脑海,那样的高傲、从容、典雅,是花?非花?那是生命的尊严呵。之后又见她的瓶花,她画鲜花,要么简化为一个圆团,要么画出了带梭角的花,那花还真有性格。她画"土陶家族",一个个土陶罐,高的、矮的;胖的、瘦的;歪的、扭的不说,又让"光"这位魔术师,在不平整的陶罐表面变幻出奇异的色彩图形来,它们各有个性,互相比着美,好一出生动活泼而有生气的舞台戏。她画皖南水乡,并不在乎那小桥流水的娇美,只是想法子

让画中的屋宇、街道水气迷离。她画土街道,或洋街区,并不管那房屋有多土、多洋,专爱画那阳光与影子所造成的怪异感觉。10多年后,偶见她的"大风景",着实让我有所震惊,她好像把我推上了高山之巅,遥望那辽阔、苍茫、邈远的天地,如此宏阔、深远,好一个黄天厚土的家园!

印象中这位画干花、画瓶罐的小女子——李江峰,她的画着眼点是有点怪,表现的手法也超凡脱俗,但何时有了这等吞吐山河的大气魄,又何以画出了这等的大气势?

李江峰 白桦四季-春 150×150 布面油画 2011

李江峰 大好河山——林芝 200×200 布面油画 2011

李江峰，北方人氏。平时不乏女人的温柔细致，挺讲究生活的品位，但又不时露出一股子说不明的嘎劲。有时她很女人味，有时又有满不在乎的粗犷洒脱，这文与野相谐的个性特点，倒也处处流露在她的笔底。

近写远雕的画面笔致：她的画，总以那洒脱生动的用笔让人感到了动人的气息，但又常被她那精工细做的画面肌理所透的神韵而着迷。她常用特写，把要表现的主角推到你面前，用写意的笔法，向你诉说着"青葵"的羞涩、

"葵花朵朵"成长的快乐，或向你展现葵披上"紫雾"的妖娆、"正午阳光"中的热烈"收获"在即的骄傲，也有"冬雪"的严酷……她"写"得是如此放松、自在，这是一种自由精神的放飞。就在那"写"之中蕴涵着自我与自然的统一，那种重神韵，重精神指向的形象，彰显着美与善的人格精神和"天人合一"的宇宙精神，让人感受到有限融入无限之中永不停息的生命精神。而她在画面的中、远景的处理中往往又似用刻刀精工雕琢出了层层梯田、块块丛林，

仟陌纵横，勃勃生机，画出了人们赖以生存的大地温厚的质感，而不是一种飘渺虚无的幻觉。因而她的画给人一种豁达大度又精心设计的饱满感，透着一种自由舒畅又张弛有度的优雅的气质。

视角的独特：她舍弃了写生的焦点透视，也似乎不完全用我们传统山水画的平远、高远、深远的散点透视，是一种由着她的性子喜好，搭配着画面的近景、远景去组合着一幅幅"有意味"的画面。有时她似乎用了一种"航空透视"从高处向下俯瞰，那宽银幕似的《桥下的

风景》，从高处向下、向远处看，阡陌纵横，一望无际，这是幅多么广阔深远又生动和谐的田野交响乐。她不用硬边结构的桥梁横跨画面，而用桥的影子倒卧在大地上。试想，如果用桥梁生硬地嵌入，会使画面割裂，空间变得狭窄，破坏了画面整体的和谐情调。改为桥所投射在大地上的影子，变立体为平面，影子是软性的、虚的，随着大地的形和色与大地互为作用融为一体。这不能不说是她的别出新裁。画面因桥而有新气象，又因是桥的影子而新奇。那幅《天高地厚》，用俯瞰和平远的视角，让层层圆弧状的地形，在色彩深浅、明暗间隔的渐次变化中推展开去，使画面空间既宏阔又深远且浑厚。那大色块的色彩布阵，著实令人惊心动魄，近乎黑色的深褚与土黄、土绿组成的近景、中景以暖色为

主调，而与远景的近乎黑色的深蓝，这么冷峻的色调相呼应，给人是冷热两重天的视觉冲击，产生一种凶险的心理反应。作者如此超常规的色彩布局，让观者置身于神秘的苍穹之中，陡然生出一种对自然的敬畏之心。

运动的风景：一般的风景画大多是由近处平缓地推向远方，以平远景象为主。而她要么用倾斜的地平线，要么用起伏不平的地平线，甚而在画面中让山岔破了那平缓的地平线，形成纵横交织，迂回盘旋的运动旋律，那《大地早春》《大地晚秋》倾斜的地平线，和丛林、田地条条块块的节奏，你不觉得大地在行走吗？那《风》《草》中茅草动势和田野块面的动态的节奏，你不觉得这是多么美妙动人的生命的脉动？她以节奏的动势引起空间感觉，化空间为生命

李江峰　自然万象-风　200×200　布面油画　2012
李江峰　书香　60×50　布面油画　2011

的境界，谱写出充满着生命活力的田野交响乐。我常纳闷她为什么能跳出那平凡而平庸的常态的风景画图式，创造出如此勃勃生机的风景图像。我后来才悟出这是与她出生在河北承德丘陵地带，从小就在到山岗、坡地、青纱帐、向日葵地里玩耍有关。这高低不平的坑坑洼洼的田野可是她童年的天堂，承载着她成长的记忆。丘陵地貌，是她的故乡情结，也成就了她风景画最主要的特色。在她画中的丘陵地貌，既是实景又非真

景，是她心中的风景，是生命精神的象征。

李江峰的画，不管是风景，还是静物，似乎都基于写生，但又与客体相差甚远。她摆脱了学院派的束缚，在写生过程中注重感性经验的发挥，一任自己的心性去抒怀，进行感发式的书写。她能把近景的葵花，画得那样的简约自在，那样的潇洒自如，那样的气象万千。此中带有东方式的神秘主义智慧的创造。她的田野风景画，分明在追求中国

传统绘画"形神兼备"甚而"神似胜于形似"的审美境界。在她的画中看到了放飞的自由精神，然而也不难看出她在画面上运畴的周密和奇特，总会给人带来一种新奇的感觉。近年，她画了一批又一批的田野风景，从北方葵花、茅草到南方的油菜花，都以她特有的风姿而耐人寻味。艺术贵于独创，她以自己独特的生活感受，找到了自己独特的绘画语言，建立起了李江峰作品独特的审美价值。

李江峰 自然万象——松之三 200×200 布面油画 2008

李江峰 水仙花开 80×65 布面油画 2011
李江峰 白桦四季-夏 150×150 布面油画 2011

李江峰 渔歌唱晚之二 70×100 布面油画 2009
李江峰 又是一年菜花开 65×80 布面油画 2012

李江峰 秋之荷 200×100 布面油画 2012

李江峰 八月的黄金海岸 50×60 布面油画 2012

李江峰 皖南三月菜花香 65×80 布面油画 2010

李江峰 最后一幅玉泡画 65×80 布面油画 2010

李江峰 大好河山林芝桃花四月天 140×200 布面油画 2011

李江峰 额尔古纳白桦之四 60×80 布面油画 2011

李江峰 林芝四月桃花雨 97×145 布面油画 2011

李江峰 丽水-瓯江打渔船 50×75 布面油画 2010

伦勃朗肖像画中的情感表达（上）

文/南京艺术学院油画系研究生　冯云

中文摘要： 本文以伦勃朗肖像画中的情感表达为写作着手点，通过讨论肖像画这种特殊的人物画艺术形式，来探讨绘画创作中作者心理特征的变化过程，并结合伦勃朗生活的时代背景把他丰富的内心世界展现给观者。从而把他内心的真实情感发掘出来。作为一个欣赏者，当我们面对伦勃朗的肖像画时，很自然地就能体会到在这无声的画面中蕴含的情绪和各种复杂的情感。本文通过已发掘的研究资料，结合画家特定的绘画环境和社会时代背景，对伦勃朗的肖像画及其在肖像画中体现的情感进行系统深入的研究和剖析。

关键词： 伦勃朗　肖像画　自画像　情感表达

一、伦勃朗的肖像油画

1、伦勃朗肖像画的种类分析

伦勃朗的一生好比一部电影，上映着成功与失败，富足与贫穷，欢乐与痛苦。经历一番人生百态之后，他对人生的领悟何其深刻，对绘画上的造诣也更加成熟，他以足够的勇气和伟大的创作力，终于登上了17世纪绘画艺术的巅峰，创作了自己独特的绘画风格，也给我们留下了珍贵的绘画遗产。伦勃朗的绘画体裁极其广泛，他擅长肖像画、宗教画、历史画、风景画、风俗画等，伦勃朗一生的画作有油画600多幅，素描和速写约2000幅，版画约350幅。他特别的成就在肖像画方面。主要因为伦勃朗并不单纯地模仿对象，而是在模仿对象的基础上表现人的灵魂和精神。他的肖像画题材十分广泛，主要可以总结为以下几大类：

①团体肖像画。团体肖像画是为了满足新兴的资产阶级应运而生的。画的内容大部分都是各个企业的团体肖像。在伦勃朗绘画生命的中后期，他坚持用自己的观点去绘画而不是一味单纯地去满足定件人的品味，如他的团体肖像画《夜巡》《纺织工会的理事们》等。